Z-KAI

ハイスコア！

共通テスト攻略

# 国語 現代文

改訂第2版

Z会編集部 編

HIGH SCORE

## はじめに

共通テストは、大学入学を志願する多くの受験生にとって最初の関門といえる存在である。教科書を中心とする基礎的な学習に基づく思考力・判断力・表現力を判定する試験であるが、**教科書の内容を復習するだけでは高得点をとることはできない**。共通テストの背景にある大学入試改革において、**各教科で育成を目指す資質・能力を理解した上で対策をしていくことが必要である**。

大学入試の「国語」、とくに「現代文」に関しては、どのように勉強したらよいのか迷う受験生もいるだろう。共通テストの出題形式や試験時間に鑑みれば、問題文を前から後ろに読み進めて設問を順番に解いていく……という勉強方法では、得点を伸ばしきれない可能性が高い。限られた解答時間の中で多くの設問を解き終えるためには、選択式問題に的確かつスピーディに対応するための「解き方」を身につける必要があるのだ。本書では、その「解き方」を**【3つの戦略】**と名づけて分類し、**最も効果的な設問へのアプローチと着眼点、具体的な対応方法**を示している。本書を十分に活用して、共通テスト本番に備えてほしい。

Z会編集部

## 目次

## 本書の利用法

共通テストの現代文で重要なことは、「限られた時間の中でなるべく多く」正解の選択肢を選ぶことにあります。そのためには、問題文を通読し、**問1**から設問や選択肢の一つ一つを順番通りに見ていくのが必ずしも得策とは限りません。本書では、問題文と設問・選択肢をまとめて構造的に見渡すことによって各大問の特徴を見きわめ、それぞれをどのように解いていけばよいかを、**【戦略】**を使い分けることで解決できるようにしました。

### ハイスコアの【3つの戦略】

出題パターンに応じて、どのようなプロセスで正解を求めるかの**【戦略】**を立てます。

**【戦略】を立てるための観点**＝
- 問題文・資料が先か、設問・選択肢が先か
- どの順番で設問を解けばよいのか
- 何に注目して設問に取り組めばよいのか

ハイスコアでは、これらの観点から、共通テストの出題パターンに合わせて**【3つの戦略】**を立てました。3つを使いこなして、スピーディかつ確実に正解を導けるようにしましょう。

### 解法のコツ

大問の特徴に合わせた攻め方を決めるだけでは、個々の小問への対応は万全といえません。設問ごとの選択肢の絞り込みについても、手法を身につけておくとよいでしょう。それがハイスコアの**解法のコツ**です。

### ◎学習の流れ

**1　攻略のプロセス** ……　読解問題を「限られた時間の中でなるべく多く解く」ための〈考え方〉と〈解き方〉を説明しました。

**【戦略】によって問題全体への取り組み方を決定し、解法のコツによって選択肢を見きわめる**

という攻略の道筋が本書の核心ともいえますので、十分理解して下さい。

**2　問題分析と【戦略】・解法のコツの実践法** …… 第1章～第3章では、出題のパターンをつかんだ上で**【3つの戦略】**と**解法のコツ**をどう使い分けるかを、論理的文章・文学的文章各3題と言語活動1題を使って具体的に説明していきます。ここでは、例題を自分で解くことよりも、まずは解法の確認に注力して下さい。
（実際の共通テストで出題された漢字・語句問題の解説は割愛しています。）

**問題の把握**
- 前書き
- 本文
- 注
- 設問・選択肢

↓

**【戦略】の決定**
問題文を構造的に把握できたら、どの【戦略】を選ぶかの「着眼点」を探す。

↓

**【戦略】の確認**
決定した【戦略】の解法手順を確認。

↓

**設問を解く**
確認した解法手順にそって、解法のコツを使い分けて選択肢を見きわめる。

〈突破のカギ〉共通テストで目標通りの高得点をマークするための〈カギ〉となる問題です。

**3　模擬試験** …… 第1章～第3章で学んだ内容を、オリジナル問題で実践して力試しをしましょう。まずは自分でこれだと思う【戦略】を選んでみて下さい。ただし、受験生の知識や問題文との「相性」などは一人一人違っていますので、必ずしも一つの解法がすべての受験生にとって得策だとは限りません。解説も参照しながら、自分にあった解き方で理解を深めてください。

※本書には、下書き用紙・解答用紙はついていません。

# 攻略のプロセス① 戦略の決定

マークセンス方式の国語の試験においては、最終的には**「限られた時間内に出題者が正解として設定した選択肢をマークする」**ことがどれだけできるか、ということによって受験生の得点力が決まってくる。よりスピーディに、より確実に正解選択肢を選び出すための攻略の最初のプロセスは、問題の特徴に合わせて、大問全体への戦略を立てることだ。次に示すハイスコアの**【3つの戦略】**を効果的に使い分けられるようにしよう。

## 戦略Ⅰ……構成・趣旨から解く

**着眼点**

・「前書き」等で全体のテーマが示されている。
・問題文中に同一内容や語句の繰り返しが目立つ。
・全体把握の設問が1～2問ある。

全体の構成がしっかりしていて、問題文の趣旨が比較的明確である場合には、「全体把握」の設問（通常は後ろの方にある）から先に解いていくと効果的であることが多い。全体を通読して、着眼点のような特徴があったなら、まずは**問題文の構成や趣旨をじっくりと見きわめ、その上で「全体把握問題」→「部分説明問題」の順に設問を解いていく**。そうすればほとんどの設問は「芋づる式」に解けるのである。

3つの戦略

**戦略Ⅱ……文脈・前後関係から解く**

着眼点

・傍線部分にからむ指示語が多い。
・問題文や資料を含めたテキストのまとまりが見えにくい。
・全体把握の設問が少ない（0問～1問程度）。

**【戦略Ⅰ】**のように全体のテーマが明確な素材ばかりが問題文となるわけではない。もともとは趣旨のはっきりした論理的文章や、テーマのはっきりした文学的文章であっても、その一部だけを「切り取る」過程でそうした持ち味が減ってしまっている場合もある。また、複数の文章や資料が示される出題では、それらがどのような意図のもとに組み合わされているのか、「まとまり」が見えにくいことも少なくない。こうした時には、まずは**「部分説明」の設問に着目し、それぞれの傍線部分と選択肢とを見比べていく作業を丹念に行ってから、やがて「全体把握」へと進む**とよい。着眼点のような特徴があったらこの戦略を選んでみよう。

3つの戦略

**戦略Ⅲ……設問・選択肢から解く**

↓「構成・趣旨」「文脈・前後関係」からのどちらからでも解けない場合。

★《選択肢の異同の見きわめ》からそれぞれの設問部分へ。

**【戦略Ⅰ】**・**【戦略Ⅱ】**のどちらによってもうまくいかない場合というのもある。

そんな時には**選択肢を見比べてみよう。どこが同じで、どこが違うかという観点から選択肢をおおまかにグループ分けしながら、それぞれの傍線部分に照らして判断していく**。その作業を繰り返しているうちに、問題文の意味を完全にはつかみかねていても、正解の選択肢をマークできる場合もある。

以上、**【3つの戦略】**のどれを使うかを思い定めてから問題に向かっていこう。もちろん、「この問題は絶対にこの戦略で解かなければならない」というものはないため、ある**【戦略】**を使ってうまくいかなかった場合には、別の**【戦略】**に適宜切り替えてみよう。そのようなフットワークの軽さも、問題を解いていくには大切なことだ。

# 攻略のプロセス② 選択肢の見きわめ

ひとまずの【戦略】が決まったら、実際に設問に取り組むが、そこで重要なのは、より効率よく正解選択肢を絞りこむことだ。選択肢の選別に役立つ解法のコツを、問題を解く際のシチュエーションごとに見ていこう。

## ◆全体の進め方―問題文・資料からか、設問からかを決める―◆

まずは問題全体をどう読み、解いていくか、大まかな方向性を定める。戦略の決定で述べたことの延長線上で考えれば、問題文・資料から攻めるか、選択肢（設問）から攻めるかは、問題の性質と、選択した【戦略】によって決まる。概略は次のようなものだ。

**解法のコツ①　攻め方の方向性―問題文・資料からか、設問からか**

【戦略Ⅰ】問題文・資料（構成・趣旨の把握）→設問（全体把握→部分説明）
【戦略Ⅱ】設問（部分説明）→問題文・資料（設問に関連する部分）→設問（全体把握）
【戦略Ⅲ】選択肢（異同の抽出）→設問（部分説明）・問題文・資料→設問（全体把握）

## ◆視点の移動―選択肢を「ヨコ」に読む―◆

選択肢を読む際の基本は、すべての選択肢をまとめて「群」として把握し、それらを**ヨコに読み比べる**ようにしていくことだ。傍線部分を読んで、選択肢①を読み、また傍線部分を読んで、選択肢②を読み……というふうに「タテ」に読んでいると時間がかかる上、それぞれの選択肢が長い場合には正誤判定に迷いが出てくる。そこで、次の ヒント のような観点から、選択肢群全部を**ヨコに読み比べて違いを抽出すれば、無駄がなく確実だ。**

**ヒント　ある要素の有無**

選択肢の中に「ある要素」があるかないかで判断していく。たとえば、傍線部分に指示語が含まれているなら、その指示語の指示内容についての記述があるかないか……というように。

**解法のコツ②　視点の移動―ある要素の有無**

傍線部の記述や文脈、設問指示に照らして必要な要素が含まれているかいないかでグループ分けをする。

**ヒント** ある事柄についての記述の相違

同様に、ある事柄についての記述に差異がある場合には、それも見きわめのポイントとなる。この事柄について①ではどう、②ではどう、というふうに、文節単位で見比べてみるのだ。具体的には、それぞれの選択肢中の「……を」や「……は」など、文の成分の上で同じはたらきをもつものを横に比べてみるとよい。

**解法のコツ③** 視点の移動―ある事柄についての記述の相違

選択肢の文の中で同じはたらきをもつ部分において、記述内容が異なる場合には、見比べて違いをしっかり押さえる。

**ヒント** 言葉のニュアンスの違い

二つぐらいの選択肢が残って取捨に困るという場合もあるだろう。こうした時には、まずはその残った選択肢の文言だけを見比べて、双方の相違点を抽出してみよう。「こっちはこう、だけどこっちはこう」というように。自分の言葉で性質の違いを言い表せるようにすることだ。その上で問題文（主に傍線部分）の表現と照合してみると、どちらがより近いかが見えてくる。

**解法のコツ④** 視点の移動―言葉のニュアンスの違い

表現や言葉のニュアンスも見比べて、すべての選択肢の性質と違いを把握する。

## ◆判断材料の収集（1）―全体的な「仕掛け」をつかむ―◆

選択肢を見きわめる際の**ヒント**として、問題文と設問の他、以下の点にも注目してみよう。

**ヒント**　出題者のメッセージ

出題で示されるもののうち、**リード文（前書き）や注・選択肢も、出題者の意図を表現したもの**と心得よう。出題者の要求に応じて正解を導くためには、そうしたメッセージをしっかり受け取ることが大前提となる。

**解法のコツ⑤　全体的な「仕掛け」―出題者のメッセージ**

問題文・資料……出題者と受験生のコミュニケーションのための題材。
注・前書き……問題文や資料に示された情報だけでは受験生が解答を導きにくい場合に、出題者が補うヒント。※一般の書物における「注・前書き」とは性質が異なる。
設問・選択肢……出題者が最終的に求めていることの具体的な候補。

国語の試験においては、「（問題文の）筆者の主張を正しくつかむ」ことに最終目標があるのではなく、あくまでも「**出題者の要求している解答を受験生が導く**」ことができるかどうかで受験生の力量が評価される。言い換えれば、筆者と受験生のコミュニケーションなのではなく、**出題者と受験生のコミュニケーション**こそが国語の試験の本質と心得て、出題者のメッセージはもらさずに受け取ろう。

**ヒント　問題の「仕掛け」**

また、問題全体に関わる「仕掛け」をあらかじめつかんでおくことで、選択肢の見きわめの手助けになる場合もある。以下のようなことに注意してみよう。

**解法のコツ⑥　全体的な「仕掛け」―問題の「仕掛け」**

〔論理的文章〕段落構成……趣旨か・例示か／中心的な内容（キーワード）があるかないか。
〔文学的文章〕場面設定……誰と誰がどうする場面か／誰の視点から描かれているか。
〔言語活動〕状況設定……何についての調査や議論か／結果をどのような形式にまとめていく想定なのか。

**ヒント　キーワード**

その「仕掛け」にも関わるが、設問を解いていくにあたってカギになる言葉（キーワード）に着目することも重要である。以下のような言葉を抽出することによって、その語句に関連する部分の記述を追い、またその要素があるかないかで選択肢を選り分けていく……というような解き方が可能になっていく。

**解法のコツ⑦　全体的な「仕掛け」―キーワード**

・問題文や資料中の複数箇所にわたって頻出する語・語句
・傍線部分に頻出する語句　　・注が付されている語句
・選択肢の多くに共通する語句

## ◆判断材料の収集（2）―関連部分を追う―◆

とくに**【戦略Ⅱ】**に関わるが、傍線部分の表現を軸として、それに関連する部分の記述を追っていくような選択肢の読み方が得策な場合も多い。その際の**「関連する部分」**とは、具体的には以下のようなものだ。

**解法のコツ⑧　関連部分の追い方―【指示語】**

傍線部分にかかる指示語や、傍線部分を受ける指示語の指示内容を押さえる。それに相当する部分を含むか否かで、選択肢をグループ分けする方法もあるからだ。

**解法のコツ⑨　関連部分の追い方―【同一・類似】**

傍線部分に関して、説明や補足を述べている部分は、多くの場合、傍線部分と同一の表現を含む。そうした「同一表現」や、あるいは似たような意味で用いられている「類似表現」が、選択肢を選り分ける手がかりになることもある。

**解法のコツ⑩　関連部分の追い方―【対比・並列】**

傍線部分の内容と対比・並列されている表現をしっかり押さえ、傍線部分の内容を理解する上での貴重なヒントとして活用する。

**解法のコツ⑪　関連部分の追い方―【因果関係】**

傍線部分に関して、「どのような事情でそうなったのか」「そのことによってどうなったのか」という因果関係を慎重に把握することで、傍線部分の趣旨を正確に捉える。「……によって」「……のため」など、因果関係を示す語句に要注意。

**解法のコツ⑫　関連部分の追い方―【比喩】**

比喩というのは、性質の共通する別のものを挙げて、その性質を印象づけるための表現である。「たとえられているもの」と「たとえているもの」とには必ず共通点があるため、それを追っていくのだ。

令和7年度の大学入学共通テストから、国語に**第3問**が新しく加わることとなった。あるテーマのもとに社会生活に関わる実用的な文章や、グラフ・図などが複数提示され、それらの分析や考察を経てレポートを作成するといった、「言語活動」を想定した問題である。そこで「論理的文章」や「文学的文章」にはないアプローチが必要になる。効率よく対応するための**解法のコツ**を覚えておこう。

## ◆複数資料問題への対応―情報を整理する―◆

**解法のコツ⑬** 全体的な「仕掛け」―グラフや図の読み取り

グラフや図は、一定の意図のもとで提示されているため、そこから読み取れる傾向や特徴が選択肢吟味の決め手になっていたり、文章との関連性を見つけるポイントになっていたりする。

**解法のコツ⑭** 全体的な「仕掛け」―グラフや図の分析結果と意見とのつながり

選択肢で、グラフや図の内容が意見・結論の根拠となっているときは、それが確かにグラフや図から読み取れる事実であるか、意見・結論との因果関係が成立するかを確認する。

**解法のコツ⑮** 関連部分の追い方―関連する資料との照合

複数のテクストを踏まえて選択肢を吟味する問題では、選択肢ごとに照らし合わせるテクストが異なる場合があるので、選択肢の文言から照合するテクストをとらえる。テクストと選択肢の言葉のニュアンスの違いにも注意して検討する。

**解法のコツ⑯**

**関連部分の追い方―空欄前後から求められている情報をつかむ**

空欄補充の設問は、空欄を含む文章や会話の全体の流れと、空欄前後の文脈を押さえることが最優先となる。表現にも着目しながら、空欄で求められている情報を絞りこんだ上で、選択肢を検討する。

# 第1章　論理的文章への対処

## 例題１　【文章Ⅰ】檜垣立哉『食べることの哲学』
## 【文章Ⅱ】藤原辰史『食べるとはどういうことか』（令和４年度共通テスト本試験）

次の【文章Ⅰ】【文章Ⅱ】を読んで、後の問い（問１～６）に答えよ。

**【文章Ⅰ】**　次の文章は、宮沢賢治の「よだかの星」を参照して「食べる」ことについて考察した文章である。なお、表記を一部改めている。

「食べる」ことと「生」にまつわる議論は、どうしたところで動物が主題になってしまう。そこでは動物たちが人間の言葉をはなし、また人間は動物の言葉を理解する（まさに神話的状況である）。そのとき動物も人間も、自然のなかでの生き物として、まったく対等な位相にたってしまうことが重要なのである。動物が人間になるのではない。宮沢の記述からかいまみられるのは、そもそも逆で、人間とはもとより動物である（そうでしかありえない）ということである。そしてそれは考えてみれば、あまりに当然すぎることである。

「よだかの星」は、その意味では、擬人化が過剰になされている作品のようにおもわれる。その感情ははっきりと人間的である。よだかは、みなからいじめられ、何をしても孤立してしまう。いつも自分の醜い容姿を気にかけている。親切心で他の鳥の子供を助けても、何をするのかという眼差《まなざ》しでさげすまれる。なぜ自分は生きているのかとおもう。ある意味では、多かれ少なかれ普通の人間の誰もが、一度は心のなかに抱いたことのある感情だ。さらには、よだかにはいじめっ子の鷹《たか》がいる。鷹は、お前は鷹ではないのになぜよだかという名前を名乗るのだ、しかも夜という単語と鷹という単語を借りておかしいではないか、名前を変えろと迫る。よだかはあまりのことに、自分の存在そのものを否定されたかのように感じる。

しかしよだかは、いかに醜くとも、いかに自分の存在を低くみようとも、空を飛び移動するなかで、おおきな口をあけ、羽虫をむさぼり喰《く》ってしまう。それが喉につきささろうとも、甲虫《かぶとむし》を食べてしまう。自然に対しては、自分は支配者のような役割を演じてしまいもするのである。だがどうして自分は羽虫を「食べる」のか。なぜ自分のような存在が、劣等感をもちながらも、他の生き物を食べて生きていくのか、それがよいことかどうかがわからない。

夜だかが思ひ切って飛ぶときは、そらがまるで二つに切れたやうに思はれます。一疋《ぴき》の甲虫が、夜だかの咽喉《のど》にはひって、ひどくもがきました。よだかはすぐそれを呑《の》みこみましたが、その時何だかせなかがぞっとしたやうに思ひました。（『宮沢賢治全集5』、八六頁《ページ》）

A ここからよだかが、つぎのように思考を展開していくことは、あまりに自明なことであるだろう。

（ああ、かぶとむしや、たくさんの羽虫が、毎晩僕に殺される。そしてそのただ一つの僕がこんどは鷹に殺される。それがこんなにつらいのだ。ああ、つらい、つらい。僕はもう虫をたべないで餓《う》ゑて死なう。いやその前にもう鷹が僕を殺すだらう。いや、その前に、僕は遠くの遠くの空の向ふに行ってしまはう。）（同書、八七頁）

当然のことながら、夏の夜の一夜限りの生命かもしれない羽虫を食べること、短い時間しかいのちを送らない甲虫を食べることは、そもそも食物連鎖上のこととしてやむをえないことである。それにそもそもこの話は、もともとはよだかが自分の生のどこかに困難を抱えていて（それはわれわれすべての鏡だ）、それが次第に、他の生き物を殺して食べているという事実の問いに転化され、そのなかで自分も鷹にいずれ食べられるだろう、それならば自分は何も食べず絶食し、空の彼方《かなた》へ消えてしまおうというはなしにさらに転変していくものである。

よだかは大犬座の方に向かい億年兆年億兆年かかるといわれても、さらに大熊星の方に向かい頭を冷やせといわれても、なおその行為をやめることはしない。結局よだかは最後の力を振り絞り、自らが燃え尽きることにより、自己の行為を昇華するのである。

食べるという主題がここで前景にでているわけではない。むしろまずよだかにとって問題なのは、どうして自分のような惨めな存在が生きつづけなければならないのかということであった。そしてその問いの先にあるものとして、ふと無意識に口にしていた羽虫や甲虫のことが気にかかる。そして自分の惨めさを感じつつも、無意識にそれを咀嚼《そしゃく》してしまっている自分に対し「せなかがぞっとした」「思ひ」を感じるのである。

よくいわれるように、このはなしは食物連鎖の議論のようにみえる。確かに表面的にはそう読めるだろう。だがよだかは、実はまだ自分が羽虫を食べることがつらいのか、自分が鷹に食べられることがつらいのか、たんに惨めな存在である自らが食べ物を殺して咀嚼することがつらいのか判然と理解しているわけではない。これはむしろ、主題としていえば、まずは食べないことの選択、つまりは断食につながるテーマである。そして、そうであるがゆえに、最終的な星への昇華という宮沢独特のストーリー性がひらかれる仕組みになっているようにもみえる。

ここで宮沢は、食物連鎖からの解放という（仏教理念として充分に想定される）事態だけをとりだすのではない。むしろここでみいだされるのは、心が傷ついたよだかが、それでもなお羽虫を食べるという行為を無意識のうちになしていることに気がつき「せなかがぞっとした」「思ひ」をもつという一点だけにあるようにおもわれる。それは、B人間である（ひょっとしたら同時によだかでもある）われわれすべてが共有するものではないか。そしてこの思いを昇華させるためには、数億年数兆年彼方の星に、自らを変容させていくことしか解決策はないのである。

（檜垣立哉《ひがきたつや》『食べることの哲学』による）

【文章Ⅱ】　次の文章は、人間に食べられた豚肉（あなた）の視点から「食べる」ことについて考察した文章である。

長い旅のすえに、あなたは、いよいよ、人間の口のなかに入る準備を整えます。箸で挟まれたあなたは、まったく抵抗できぬままに口に運ばれ、アミラーゼの入った唾液をたっぷりかけられ、舌になぶられ、硬い歯によって噛《か》み切られ、すり潰されます。そのあと、歯の隙間に残ったわずかな分身に別れを告げ、食道を通って胃袋に入り、酸の海のなかでドロドロになります。十二指腸でも膵液《すいえき》と胆汁が流れ込み消化をアシストし、小腸にたどり着きます。ここでは、小腸の運動によってあなたは前後左右にもまれながら、六メートルに及ぶチューブをくねくね旅します。そのあいだ、小腸に出される消化酵素によって、炭水化物がブドウ糖や麦芽糖に、脂肪を脂肪酸とグリセリンに分解され、それらが腸に吸収されていきます。ほとんどの栄養を吸い取られたあなたは、すっかりかたちを変えて大腸にたどり着きます。

大腸は面白いところです。大腸には消化酵素はありません。そのかわりに無数の微生物が棲《す》んでいるのです。人間は、微生物の集合住宅でもあります。その微生物たちがあなたを襲い、あなたのなかにある繊維を発酵させます。繊維があればあるほど、大腸の微生物は活性化するので、小さい頃から繊維をたっぷり含むニンジンやレンコンなどの根菜を食べるように言われているのです。そうして、いよいよあなたは便になって肛門《こうもん》からトイレの中へとダイビングします。こうして、下水の旅をあなたは始めるのです。

こう考えると、食べものは、人間のからだのなかで、急に変身を遂げるのではなく、ゆっくり、じっくりと時間をかけ、徐々に変わっていくのであり、どこまでが食べものであり、どこからが食べものでないのかについて決めるのはとても難しいことがわかります。

答えはみなさんで考えていただくとして、二つの極端な見方を示して、終わりたいと思います。

一つ目は、人間は「食べて」などいないという見方です。食べものは、口に入るまえは、塩や人工調味料など一部の例外を除いてすべて生きものであり、その死骸であって、それが人間を通過しているにすぎない、と考えることもけっして言いすぎではありません。人間は、生命の循環の通過点にすぎないのであって、地球全体の生命活動がうまく回転するように食べさせられている、と考えているということです。

二つ目は、肛門から出て、トイレに流され、下水管を通って、下水処理場で微生物の力を借りて分解され、海と土に戻っていき、そこからまた微生物が発生して、それを魚や虫が食べ、その栄養素を用いて植物が成長し、その植物や魚をまた動物や人間が食べる、という循環のプロセスと捉えることです。つまり、ずっと食べものである、ということ。世の中は食べもので満たされていて、食べものは、生きものの死によって、つぎの生きものに生を与えるバトンリレーである。しかも、バトンも走者も無数に増えるバトンリレー。誰の口に入るかは別として、人間を通過しているにすぎないのです。

どちらも極端で、どちらも間違いではありません。しかも、C二つとも似ているところさえあります。死ぬのがわかっているのに生き続けるのはなぜか、という質問にもどこかで関わってきそうな気配もありますね。

（藤原《ふじはら》辰史《たつし》『食べるとはどういうことか』による）

## 戦略の決定

前書きの部分で、【文章Ⅰ】【文章Ⅱ】ともに「食べる」ということについて考察した文章であると説明されている。特に【文章Ⅱ】の前書きでは、「人間に食べられた豚肉（あなた）の視点から」という独特な形式の文体であることも説明されている。一方で本文を少し読めば、【文章Ⅰ】の方は「食べる側」であるよだかの苦悩について考察されていることがわかるだろう。つまり、今回の問題文は、同じテーマについて、異なる視点から書かれたものだとわかる。

**解法のコツ⑤** ……全体的な「仕掛け」―出題者のメッセージ……

前書き＝「出題者による言葉」は、解答のヒントとする。

**着眼点**

全体のテーマ……「食べる」ということについて
【文章Ⅰ】＝「食べる」側の視点からの考察
【文章Ⅱ】＝「食べられる」側の視点からの考察

設問を見ると、**問6**が、【文章Ⅰ】と【文章Ⅱ】の相違点と、二つの文章を通したまとめを問うていることがわかる。

着眼点

**問６　Ｍさんは授業で【文章Ⅰ】と【文章Ⅱ】を読んで「食べる」ことについて自分の考えを整理するため、次のような【メモ】を作成した。これについて、後の(i)・(ii)の問いに答えよ。**

**【メモ】**

〈1〉共通する要素［どちらも「食べる」ことと生命の関係について論じている。］

⇩

〈2〉「食べる」ことについての捉え方の違い
**【文章Ⅰ】**［　X　］
**【文章Ⅱ】**［「食べる」ことは、生物を地球全体の生命活動に組み込むものである。］

⇩

〈3〉まとめ［　Y　］

こうしたことから**【戦略】**を立てるなら、まずは**【文章Ⅰ】**と**【文章Ⅱ】**の相違に注目しながら、問題文全体のテーマである「食べる」ということについて吟味し、そこから問題に取り組んでいく**【戦略Ⅰ】**を使うのが得策だと判断できる。共通テストの第１問（論理的文章）では、**共通のテーマをもった複数の**

**文章が出典とされたり、文章の内容をまとめたノートや会話文が示されたりする形式**が多い。こうした形式に対しては、一般的に**【戦略Ⅰ】**が有効であることは意識しておこう。というのも、こうした形式では**複数の文章を読まなければならない代わりに、一つあたりの文章は比較的短くなる傾向にある**からである。**短い文章になればなるほど、「文章全体の趣旨とは直接関係ないが、問題にしたい重要な箇所」は少なくなる**。そのため、傍線部分も結局は文章全体の趣旨に密接に関わるものである確率が上がり、細部の正確な理解を問う設問よりも、全体の趣旨を把握しているかどうかを問う設問が増える傾向にあるというわけだ。

3つの戦略

# 戦略Ⅰ　【構成】・【趣旨】から解く

**1　問題文全体の【趣旨】を見抜く**

(i) 出題者の言葉
(ii) 繰り返されている表現
（キーワードなど）

に着目。→「○○が××する」程度の一文にまとめてみる。

↓

**【構成】・【趣旨】を引き出す**

→

**2　全体把握問題を解く**

「全体の趣旨を踏まえているか否か」で選択肢を見きわめる。

→

**3　表現説明問題を解く**

**4　部分説明問題を解く**

選択肢見きわめの観点は**2**と同じ。

## 1 問題文全体の【趣旨】を見抜く

「戦略の決定」でも見た通り、この問題では【戦略Ⅰ】を使う。

**解法のコツ①……「攻め方」の方向性—【戦略Ⅰ】……**

**問題文【構成・趣旨の把握】→設問【全体把握問題】→設問【部分説明問題】の順で攻める。**

全体の構成に関わる設問である**問5**・**問6**から解いていくのが効率的だろう。とくに**問6**は【文章Ⅰ】と【文章Ⅱ】の共通点と相違点をまとめた【メモ】を用いた設問であるから、仮にすぐには選択肢を絞り込めないにしても、最初に【メモ】と選択肢に目を通しておくだけでも、本文全体の理解が容易になるであろう。

まずは、【文章Ⅰ】【文章Ⅱ】それぞれの趣旨を大まかに捉えておきたい。

【文章Ⅰ】はよだかの思いについて考察した文章であるが、その思いは複数の段落にわたって何度も同じような言葉で説明されている。何度も繰り返されているのだから、当然それはよだかの中心的な思いであり、したがって【文章Ⅰ】のテーマに大きく関わるキーワードである。

**解法のコツ⑦……全体的な「仕掛け」—キーワード……**

**複数段落にわたって頻出する語句＝よだかの思いを表すキーワードに注目する。**

**キーワードの把握**

・なぜ自分は生きているのかとおもう（ℓ8）
・なぜ自分のような存在が、劣等感をもちながらも、他の生き物を食べて生きていくのか（ℓ15〜16）
・どうして自分のような惨めな存在が生きつづけなければならないのか（ℓ37〜38）
・自分の惨めさを感じつつも、無意識にそれを咀嚼してしまっている自分に対し「せなかがぞっとした」「思ひ」を感じる（ℓ39〜40）

こうしたキーワードからよだかの思いを読み取り、さらにそれが「人間である（ひょっとしたら同時によだかでもある）われわれすべてが共有するものではないか」とされていることも踏まえれば、**【文章Ⅰ】**の趣旨は次のように理解できるだろう。

**【趣旨】の把握**

よだかは、惨めな存在である自分がなぜ他の生き物を食べながら生きつづけていくのか疑問を感じている。
その思いはすべての人間にも共通するものではないか。

一方の**【文章Ⅱ】**は、豚肉（あなた）が体内で消化されていく過程を描いたあとで、「どこまでが食べものであり、どこからが食べものでないのか」という問題に対して、「二つの極端な見方を示」すという特徴的な構造の文章となっている。

**解法のコツ⑥** ……全体的な「仕掛け」―問題の「仕掛け」……

**【文章Ⅱ】**の展開……「食べられる」過程を描いた上で、「どこまでが食べものか」という問題提起と筆者の意見が示される。

**【構成】の把握**

食べられた豚肉が消化されていく過程の描写
←（どこまでが食べものであり、どこからが食べものでないのか？）
極端な見方①……食べてなどいない（食べものなどない）
　＝人間は地球全体の生命活動がうまく回転するように食べさせられている
極端な見方②……ずっと食べものである
　＝食べものは、生きものの死によって、つぎの生きものに生を与えるバトンリレー
←
どちらも間違いではなく、二つとも似ているところがある
「食べること」＝地球全体の生命活動を回転させる生きものから生きものへのバトンリレー
→人間の体はその通過点

このように全体の構成をつかめば、趣旨も以下のようにまとめられる。

**【趣旨】の把握**

**「食べる」行為について考えると、人間は地球全体の生命活動の循環の通過点にすぎない。**

## 2　全体把握問題を解く

このように【文章Ⅰ】【文章Ⅱ】の趣旨を捉えた上で、実際に全体把握問題を解いていく。28ページで見た【メモ】に関する出題として、まずは問６(i)の選択肢群を見てみよう。

### 1　全体把握問題を解く

**問６**(i)　Mさんは〈1〉を踏まえて〈2〉を整理した。空欄 X に入る最も適当なものを、次の①〜④のうちから一つ選べ。

① 「食べる」ことは、×弱者の生命の尊さを意識させる行為である。
② 「食べる」ことは、自己の生命を否応なく存続させる行為である。
③ 「食べる」ことは、×意図的に他者の生命を奪う行為である。
④ 「食べる」ことは、×食物連鎖から生命を解放する契機となる行為である。

【文章Ⅰ】の趣旨の理解からすれば、①はすぐに除外される。また、食べる行為は「無意識」にするものだから、③の「意図的に」もおかしい。さらに、最終段落の「食物連鎖からの解放という事態だけをとりだすのでは

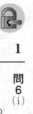

ない」という表現からすれば、④の「食物連鎖から生命を解放する」は【メモ】として書き残すような主題ではない。②の「否応なく」は本文に直接見られる表現ではないため、少しひっかかりを覚えるかもしれないが、**「なぜ自分のような存在が生きつづけなければならないのか」**という繰り返し見られたよだかの思いを押さえていれば、むしろ【文章Ⅰ】の趣旨を表すのに適した表現であるとわかるだろう。このように、**単語だけに反応して選択肢を選り分けるのではなく、本文にせよ選択肢にせよ、その意味するところを正確に理解した上で、適切かどうかを判断する**ことが重要である。

ここで、【戦略Ⅲ】的な発想を用いて【メモ】の構造に着目すると、空欄Xには【文章Ⅱ】「「食べる」ことは、生物を地球全体の生命活動に組み込むものである」という内容に対し「違い」として対比できる内容が入ることがわかる。そうすると、「地球全体の生命活動」という大規模な次元の話に対して、②は「自己の生命」という個体規模の話をしていて、対比としてうまく機能することもわかり、②が正答だと自信がもてるだろう。

## 全体把握問題を解く　2

つづいて**問6**(ii)も解いていこう。

**問6**(ii)　Mさんは〈1〉〈2〉を踏まえて「〈3〉まとめ」を書いた。空欄 Y に入る最も適当なものを、次の①〜④のうちから一つ選べ。

①× 他者の犠牲によってもたらされたよだかの苦悩は、生命の相互関係における多様な現象の一つに過ぎない。しかし見方を変えれば、自他の生を昇華させる行為は、地球全体の生命活動を円滑に動かすために欠かせない要素であるとも考えられる。

② 苦悩から解放されるためによだかが飢えて死のうとすることは、×生命が本質的には食べてなどいないという指摘に通じる。しかし見方を変えれば、地球全体の生命活動を維持するためには、食べることとの認識を改める必要があるとも考えられる。

③　無意識によだかが羽虫や甲虫を食べてしまう行為には、地球全体の生命活動を循環させる重要な意味がある。しかし見方を変えれば、一つ一つの生命がもっている生きることへの衝動こそが、循環のプロセスを成り立たせているとも考えられる。

④　他者に対してよだかが支配者となりうる食物連鎖の関係は、命のバトンリレーのなかで解消されるものである。しかし見方を変えれば、地球全体の生命活動を円滑にするためには、食べることによって生じる序列が不可欠であるとも考えられる。

これも全体の趣旨がきちんと把握できていれば容易である。まず②の「生命が本質的には食べてなどいない」は**【文章Ⅱ】**の「極端な見方」のうちの一方に該当するが、二つの極端な見方を示した上で、そこには共通項があるとするのが**【文章Ⅱ】**の趣旨であるから、二つの見方のうち片方にしか当てはまらないことを書いて「まとめ」とするのは不適切である。④は先ほど確認したように、**【文章Ⅰ】**でさほど重要視されていない「食物連鎖」の話題が中心なので不適切。残るは①と③だが、①は「食べる」ことについての説明になっていないことに気づいてほしい。**〈食べる〉ことについて考察した二つの文章を読んだ「まとめ」の内容を答える〉という設問の要件に照らせば、説明として成立していないと判断できる。**その点③は、**【文章Ⅰ】**と**【文章Ⅱ】**の趣旨をうまくつないでまとめた文章になっている。つなげ方にやや強引さを感じる人もいるかもしれないが、**【文章Ⅰ】**と**【文章Ⅱ】**はそれぞれ独立の文章であり、本来無関係の文章をMさんが読んだという設定のもとで「まとめ」ているのである。Mさんの考察のプロセスが明らかでない以上、**【文章Ⅰ】**と**【文章Ⅱ】**がどのように関わっているのかを客観的に明らかにすることはそもそも難しい。不明確な文章相互の関係を検討するよりは、③以外の選択肢はそもそも**【文章Ⅰ】**か**【文章Ⅱ】**の趣旨の理解の段階で誤っているのであるから、正答にならないと判断したい。**複数の文章を比較検討させる問題では、文章相互の関係性やつながりに意識が向いてしまうかもしれ**

**ないが、まずはそれぞれの文章の趣旨の正確な理解が最優先である**と肝に銘じておこう。

なお、この設問においてはMさんの考察のプロセスが読み取れないので、こうした手法をとったが、会話文が用意されていたり、**【メモ】**に「まとめ」の意図や方向性が記されていたりする場合は、逆にそこから選択肢を絞っていくという手法が効果的である。**重要なのは、確実に明らかな情報のみを利用して考えていくという姿勢である。**

## 3 表現説明問題を解く

意外に感じるかもしれないが、表現の説明を問う**問5**も、文章全体の趣旨を利用することで、ほとんど解ききることができるので、先に解いてみよう。

### 構成や表現を問う問題を解く

**問5 【文章Ⅱ】**の表現に関する説明として最も適当なものを、次の①～⑤のうちから一つ選べ。

① 豚肉を「あなた」と見立てるとともに、×食べられる生きものの側の心情を印象的に表現することで、×無機的な消化過程に感情移入を促すように説明している。

② 豚肉を「あなた」と見立てるとともに、消化酵素と微生物とが協同して食べものを分解する様子を比喩的に表現することで、×消化器官の働きを厳密に描いている。

③ 豚肉を「あなた」と見立てるとともに、食べものが消化器官を通過していく状況を擬態語を用いて表現することで、△食べることの特殊な仕組みを筋道立てて説明している。

④ 豚肉を「あなた」と二人称で表しながら、比喩を多用して消化過程を表現することで、○生きものが他の生物の栄養になるまでの流れを軽妙に説明している。

⑤　豚肉を「あなた」と二人称で表しながら、生きものが消化器官でかたちを変えて物質になるさまを誇張して表現することで、消化の複雑な過程を鮮明に描いている。

**解法のコツ③**　……視点の移動―ある事柄についての記述の相違……

**表現の説明問題は、「表現の特徴」と「表現の目的」に分けてヨコに選択肢を見る。**

**【文章Ⅱ】**の表現について問う問題であるが、一言で「表現」といっても、選択肢を検討する観点としては大きく**〈表現の特徴は何か（＝どのような表現が用いられているか）〉**と、**〈表現の目的は何か（＝どのような内容を表現しようとしているか）〉**の二つがある。前者の場合は、指摘される特徴が適合するかどうかを本文に照らして確認することになるが、まずは後者の「表現の目的」について考えよう。つまり、**設問文を〈【文章Ⅱ】が表現しようとしているのはどのような内容か〉と読み換え、選択肢をヨコに読んでそれに対応している箇所があるかどうかを判断する**のである。ここで、**【文章Ⅱ】**の趣旨をもう一度確認しておこう。

**【趣旨】の把握**

**「食べる」行為について考えると、人間は地球全体の生命活動の循環の通過点にすぎない。**

特定の部分に焦点を当てた「表現」ではなく、**【文章Ⅱ】全体についての「表現」が問題になっているのであ**

**るから、表現の目的・効果も、この全体趣旨から逸脱するものとはならないはずだ。**

そこで、この内容について言及があるかどうかを確認すれば、④に絞られる。①・②・⑤は「消化過程」についてしか言及がなく、明らかに不十分だし、③の「食べることの特殊な仕組み」も④に比べると具体性に乏しい。**本文をたどる厳密な消去法も重要ではあるが、【戦略Ⅰ】を効果的に用いて、文章全体の趣旨をきちんと反映している選択肢を中心に選んでいく**ことで、格段に得点の期待値を上げることができることを実感してもらいたい。

表現の特徴からの解法についても説明しておこう。表現の特徴について検討すべきは、**「表現自体の有無」「表現の具体的効果」「表現の一般的効果」**の三点である。このうち、「表現自体の有無」とは、文字通り、その表現が本当に文中に見られるかどうかということである。**問5**の選択肢でいうと、①は「食べられる生きものの側の心情を印象的に表現する」としているが、**【文章Ⅱ】**の中に食べられる豚肉の心情を示した表現は存在しないため、これは不適切だとわかる。共通テストの前身であるセンター試験時代から、擬人法でない表現を「擬人法を用いて」としたり、比喩表現は見られないのに「比喩を多用して」とする選択肢が含まれている可能性がある。表現の問題では、まずその点を疑い、本文を確認する意識をもつとよいだろう。

**「表現の具体的効果」とは、当該文章において、実際に読者に与える印象や効果**のことであり、**問5**の選択肢の表現だと、「感情移入を促すように」や「筋道立てて」「軽妙に」といった部分がそれにあたる。この「表現の具体的効果」については、結局は主観的な印象に頼って正誤判断を下さざるをえないところがあり、あまり積極的に検討したい点ではない。**あまりにもおかしいと直感的にわかる場合に論外だとして切る手段や、どうしても選択肢を絞り込めない場合の最後の手段として考えよう。**

**「表現の一般的効果」とは、出題されている文章以外においても、その表現が一般的に当該印象・効果を生むことがあるかどうか**ということである。たとえば、②の選択肢は「比喩的に表現することで」「～を厳密に描いている」と説明しているが、比喩表現とはたとえを用いることで直感的な理解を促すものであるから、厳密性とは正反対の性質というべきであり、②の選択肢は「表現の一般的効果」に反した説明となっているといえる。同様に「擬態語を用いて」と「筋道立てて説明」することは相容れない（新聞記事で擬態語が多用されているのを見たことはないだろうし、裁判の答弁で擬態語を駆使する弁護士に自分の弁護を依頼したい人はいないだろう）から③も不適切。また、何かを「誇張」するということはその分だけ事実から離れるわけであるから、「複雑な過程を鮮明に描」くことなどできるわけがない。したがって⑤も不適切である。

## 4　部分説明問題を解く

それでは最後に問２～４を解いていこう。これらは一見すると部分説明問題であるが、実は全体の趣旨がわかれば解ける問題ばかりである。順にそれを確認していこう。

部分説明問題でも重要なのは選択肢をヨコに読むという感覚である。

**解法のコツ②**　……視点の移動―ある要素の有無……

**【戦略Ⅰ】で解く問題＝見抜いた【構成】・【趣旨】に関連する内容を見きわめポイントとする。**

**問２**も**問３**も、よだかの思いに関連した問題であり、そのよだかの思いとは先にも確認したように、以下のようなものであった。

【趣旨】の把握

よだかは、惨めな存在である自分がなぜ他の生き物を食べながら生きつづけていくのか疑問を感じている。

その思いはすべての人間にも共通するものではないか。

## 部分説明問題を解く　1

**問2**　傍線部A「ここからよだかが、つぎのように思考を展開していく」とあるが、筆者はよだかの思考の展開をどのように捉えているか。その説明として最も適当なものを、次の①～⑤のうちから一つ選べ。

①　よだかは、生きる意味が見いだせないままに羽虫や甲虫を殺して食べていることに苦悩し、現実の世界から消えてしまおうと考えるようになる。

②　よだかは、みなにさげすまれるばかりかついには鷹に殺されてしまう境遇を悲観し、彼方の世界へ旅立とうと考えるようになる。

③　よだかは、羽虫や甲虫を殺した自分が鷹に殺されるという弱肉強食の関係を嫌悪し、不条理な世界を拒絶しようと考えるようになる。

④　よだかは、他者を犠牲にして生きるなかで自分の存在自体が疑わしいものとなり、新しい世界を目指そうと考えるようになる。

⑤　よだかは、鷹におびやかされながらも羽虫や甲虫を食べ続けているという矛盾を解消できず、遠くの世界で再生しようと考えるようになる。

選択肢をよく見ると、二つ目の読点までの前半部分がよだかの「思い」を表しており、その後の部分が、展開されるよだかの「思考」であるとわかる。先に確認した**趣旨はよだかの「思い」であるから、まずは前半部分をヨコに見て正誤を判断しよう**。すると、②と③はまったく趣旨を反映しておらず不適切。④も〈自分がなぜ生き物を食べるのか〉を疑問に感じているのであり、「存在自体が疑わしい」は少しずれる。したがって、よだかの疑問が反映されているのは①と⑤だけだとわかる。

**ここまで絞ってから初めて後半部分の「思考」について考察するのが効率的なやり方**である。**つまり、「現実の世界から消えてしまおう」と「遠くの世界で再生しよう」のどちらがよだかの考えに近いのかを本文から読み取ればよい**。そのような意識をもって読めば、「何も食べず絶食し、空の彼方へ消えてしまおう」（ℓ32～33）という表現から、スムーズに①が正答だと判断できる。

**問３**は指示語の理解が絡んでくるが、全体としてはほとんど同様に解ける。

**解法のコツ⑧**　……関連部分の追い方―【指示語】……

**傍線部分にかかる指示語の内容を確認する。**

## 部分説明問題を解く　2

**問3**　傍線部**B**「人間である（ひょっとしたら同時によだかでもある）われわれすべてが共有するものではないか」とあるが、それはどういうことか。その説明として最も適当なものを、次の①〜⑤のうちから一つ選べ。

① 存在理由を喪失した自分が、動物の弱肉強食の世界でいつか犠牲になるかもしれないと気づき、自己の無力さに落胆するということ。

② 生きることに疑念を抱いていた自分が、意図せずに他者の生命を奪って生きていることに気づき、自己に対する強烈な違和感を覚えるということ。

③ 存在を否定されていた自分が、無意識のうちに他者の生命に依存していたことに気づき、自己を変えようと覚悟するということ。

④ 理不尽な扱いに打ちのめされていた自分が、他者の生命を無自覚に奪っていたことに気づき、自己の罪深さに動揺するということ。

⑤ 惨めさから逃れたいともがいていた自分が、知らないままに弱肉強食の世界を支える存在であったことに気づき、自己の身勝手さに絶望するということ。

傍線部**B**直前に「それ」という指示語があるため、**最初にすべきことは、指示語が指す内容を確認すること**である。すなわち、「せなかがぞっとした」「思ひ」であり、傍線部**B**も、よだかの思いについて説明したものである。それならば、先に確認した趣旨の内容に触れられているかを確認すればよい。すると、②か④に絞られる。①や⑤は**【文章Ⅰ】**における「食べる」ということの意味を踏まえていない。③の「他者の生命に依存していた」という表現では必ずしも「他者を食べる」という意味が含まれず、また、よだかは「自己を変えようと覚悟」まではしていない。②と④は少し難しいが、④の「罪深さに動揺」がよだかの思いからずれている。**【文章Ⅰ】**全体を通して、よだかが罪悪感を覚えている描写は見られない。**「どうして自分は生きているのだろう」**といった旨の疑問文が繰り返されていることからも、②の**「違和感を覚える」**の方が適切であろう。

## 部分説明問題を解く　3

**問４**　傍線部**Ｃ**「二つとも似ているところさえあります」とあるが、どういう点で似ているのか。その説明として最も適当なものを、次の①～⑤のうちから一つ選べ。

①　人間の消化過程を中心とする見方ではなく、△微生物の活動と生物の排泄行為から生命の再生産を捉えている点。

②　人間の生命維持を中心とする見方ではなく、別の生きものへの命の受け渡しとして食べる行為を捉えている点。

③　人間の食べる行為を中心とする見方ではなく、食べられる側の視点から消化と排泄の×重要性を捉えている点。

④　人間の生と死を中心とする見方ではなく、×地球環境の保護という観点から食べることの価値を捉えている点。

⑤　人間の栄養摂取を中心とする見方ではなく、△多様な微生物の働きから消化のメカニズムを捉えている点。

傍線部**Ｃ**の**「二つ」も具体的な内容を受けて言い換えているという点では指示語と同等の機能を有していると**見ることができる。したがって、まず「二つ」が表しているものを確認すると、「どこまでが食べものであり、

**どこからが食べものでないのかについて」の「二つの極端な見方」**のことだとわかる。つまり、この設問も結局は**【文章Ⅱ】**の趣旨を問うているのである。

**【趣旨】の把握**

「食べる」行為について考えると、人間は地球全体の生命活動の循環の通過点にすぎない。

このことがわかっていれば、答えは容易に②とわかるだろう。「微生物」について書かれているのは二つ目の見方だけなので①と⑤は不適切。「地球環境の保護」などという要素はまったく触れられていないので④は迷わずに除外できる。③はやや明瞭な誤りを見つけにくいかもしれないが、消化と排泄の「重要性」を考察しているわけではないので不適切。このように消去法で絞り込むこともできるので、趣旨に照らして絞り込んだあとの手段として、必要に応じて使用してもよいだろう。

なお、本解説では、事前に文章全体の趣旨を把握したことを前提として問題を解いていったが、文章全体の趣旨が読み取れないということもあるだろう。今回の文章でも、**【文章Ⅱ】**の二つの見方の共通点は少し読み取りづらいところがあったかもしれない。そういう場合は、**【戦略Ⅱ】**や**【戦略Ⅲ】**を用いつつ問題を解き、その流れで文章全体の趣旨を理解していくという方針をとってもよいだろう。重要なのは、**それぞれの設問の問題文をしっかりと読み、〈その設問が文章全体の趣旨に関わるものである〉のか、それとも〈趣旨とは関係のない部分説明を求めるものである〉のか、といった出題の意図を読み取る**ことである。国語の問題を解くことは、出題者とのコミュニケーションであると肝に銘じて、さまざまな角度から問題に取り組んでもらいたい。

## 例題２　富永茂樹『都市の憂鬱』

次の文章を読んで、後の問い（問1～6）に答えよ。

（注1）チェーザレ・パヴェーゼの日記には「何月何日に書いたことを……ということを追加」あるいは「何月何日に書いたことからは……という結論になる」といった記述がしばしば登場してくる。しかも追加される内容は、当日は記さずにあとになって思い出した出来事ではなく、きわめて抽象的な思念である。ただひたすら自分の日記に読みふけっている作者の孤独な姿がありありと浮かんでくるようだ。日記（いちいち断るのはわずらわしいので、ただ日記とだけしておくけれども、（注2）journal intime 正しくは個人がその内面を書き記した日記）をつけること自体、あるいはそれを公刊さえすることを、近代精神の《病》と呼んだ（注3）ポール・ブルジェであれば、病はここで極頂にまで達したと評したかもしれない。だが、いかに病気と呼ばれようとも、ある種の人びとにとって、日記はただ毎日つけるだけでは十分ではない。それを繰り返し読み、かつ意見を追加してゆかなければいけないのだ。再読と記述の追加とは、日記を書くという行為の何か本質的な部分につながっている。

　というのも、ここでは日記を一つの保存装置、とりわけ《自己》を保存する容器と考えたいのだが、何であれ、また何のためであれ、保存するということは、その保存したものを将来いつか取り出してくるのを前提としているはずだからである。今日つくったジャムをいつかは食べるなどとはまったく考えもしないで、瓶に密封するひとがいるだろうか。もっとも、時がたつにつれて、保存したことそのものを忘れてしまう場合はあるけれども――われわれの多くの日記のつけ方はこれにあてはまるだろう。しかしパヴェーゼは、けっして忘れることなく、ときどき瓶のふたを開いてはジャムを少しずつなめるような具合に、自分の日記を読みかえし、そのうえ新たな味つけまでしているのだ。つまり A 保存という作業の基本を忠実に守っているわけである。

　だがそれにしても、保存するものがジャムであるのと自己であるのとでは、保存の姿勢がずいぶんと変わってくる。

ジャムの保存は、密封した瓶をあけて内容物を消費しつくした時点でその目的は達成され完結する。他方で日記の再読にあっては、保存の対象はある種のかたちで消費されるとはいえ、しかし減少することはけっしてなく、逆に、記述の追加を通してたえず自己増殖をつづけてゆくだろう。このちがいは小さくない。保存したものが自己増殖するという点で、日記を書くということは、むしろ蓄財やあるいは切手、昆虫などの収集に似ているかもしれない。日記に記された内面と同様に、資本もまた自己増殖をつづける——少なくとも最初からそれが消滅することは願われていない——のであり、しかもそのことを確認するために、資本家はたえず帳簿に目を通さなくてはならない。切手の収集家もまた、日毎《ひごと》ふえてゆく収集品を前にしてほくそえみ、逆に、せっかく集めたものがたった一つでもなくなればひどく嘆き悲しむであろう。

古代以来の日記文学の伝統のあるわが国は措《お》くとして、ヨーロッパにおいては、日記の発達は商人のつける会計簿に一つの起源があるようだ。言いかえれば、自己の内面を日記に綴《つづ》るということは、自己を一種の財と見なして蓄積することであり、それは一方で資本主義、他方で個人主義という、ともに近代ヨーロッパの根幹をなすとも言うべき考え方の成長をまってはじめて現実のものとなった。収集がただの趣味以上のものとして広く行われるようになるのも、おそらくは（注4）ブルジョワ社会においてのことであって、B ここでも同じ原理が作動しているはずである。ただし、財の蓄積、保存とは言っても、収集や蓄財の場合に対象となるのはいつでも他の財と交換が可能な財であり（たとえば貯《た》めたお金で家を購入する）、したがってこの保存はまだ目的のための手段という性格を多少とも残しているのにたいして、日記に記される自己の他のものに変わりうる余地はほとんどない。それゆえにこそ、日記においては手段の自己目的化が蓄財や収集にもましていっそう激しく進行するのだが。

並列

資本家の帳簿とほとんど等価な自己の記録、つまり何ごとかのための手段として記される日記は、しかし、たしかに存在している。いやそうした日記のほうがむしろ多数であるのかもしれない。明日のより多くの収入を念じながら今夜のうちに会計簿の記帳を怠らない商人と同じ姿勢で、よりよい自己の実現、向上をめざして、とりわけ反省に多くの部分をさいて綴られる日記である。「菓子を食ひすぎたり、菓子は之《これ》より断然廃すべし（注6）」と明治三〇年に記したのは西田幾多郎（注5）であるが、殖産興業の理念が支配するこの時代に即応して発行された博文館の常用日記のなかに同様の反省を書きつけたひとは、西田以外にも少なくはなかっただろう。ここでは明らかに、自己の内面を記録することは、克己、向上という目的に従属した手段にとどまっている。これにくらべるならば、先のパヴェーゼの日記、また「日記は私の社交界、私の仲間」であると記す(注7)アミエルの日記は、外部への道を閉ざされ、自己の向上をめざすかわりに、ひたすら自己への沈潜・耽《たん》溺《でき》に終始している点で対照的な性格の日記である。

おそらくは、堅実な（つまり一定の目標をもった）資本家がやがて金をためることだけが目的の守銭奴に堕し、また博物学的興味から何かの収集をはじめたはずの収集家がいつのまにか集めることそれ自体に情熱を傾けるにいたるのと同じ過程でもって、向上のための自己の記録が、自己というものに執着し沈潜する日記に転じたのだった。この自己目的化あるいは自己疎外は、やはり逸脱、倒錯そして結局のところ病としか呼びえないものだろうか。そうではあるにせよ、しかし注目しなければならないのは、C こうした逸脱が実は近代社会に内在する性格の縮図にもなっているという点である。たとえば美術館、博物館また古文書館など、その制度化と公開が近代以前の社会では考えられなかったのを思い出すならば、われわれの社会においては、個人のレヴェルで収集癖や日記の習慣が定着するとともに、全体としても、単純な消費の対象とはならない知識や財を記録し保存し、要するに永遠化することに多大のエネルギーが投じられているのがわかる。自己の記録に拘泥する日記の向こう側に透けて見えてくるのは、近代以降の社会に生きるわれわれに宿命的な(注8)フェティシズムにほかならない。

日記が保存する対象は、瓶詰のジャムとは、またお金や収集品とさえ異なる、きわめて特殊な財であり、それゆえに日記は、あらゆる保存装置のうちでもっとも完全なあるいは忠実な、ということはもっとも不幸な装置になってしまった。こうした出口のない迷路のような日記は、しかし、保存という行為の本質を何にもまして純粋に守り、いかなる現実の目的にも拘束されないだけに、逆にある種の自由ないし解放を作者にもたらしもするとは言えないだろうか。日記の機能を極度に追求した日記は、自己にとって牢獄《ろうごく》であるとともに、想像力がはばたきはじめる場所でもあるのだ。自己目的化ということでは共通している蓄財や収集癖も、依然として事物とのつながりを残している点で、日記の純粋さには及ばない。同じく毎日綴られながらも、備忘録や反省の記録にあっては、記憶は個々の現実のなかで消費し尽くされて姿を消してしまう。これにたいして、たえず自己にまつわる記憶を喚起し、それを想像力に結びつけて、存在の感覚を確認すること――これこそが、パヴェーゼのような日記作家の、自分の日記を再読し新たな記述を追加するさいの、**D**一見したところ苦渋にみちてはいるが、それでも他の何ものにも換えがたい楽しみであったにちがいない。

（注）1　チェーザレ・パヴェーゼ――イタリアの詩人（一九〇八～一九五〇）。
2　journal intime――フランス語。ここでは「内面の日記」の意味。
3　ポール・ブルジェ――フランスの作家、批評家（一八五二～一九三五）。
4　ブルジョワ――ここでは近代ヨーロッパの有産者。
5　西田幾多郎――哲学者（一八七〇～一九四五）。
6　博文館の常用日記――出版社の博文館が明治期から発売している日記帳。
7　アミエル――スイスの哲学者、文学者（一八二一～一八八一）。
8　フェティシズム――特定の事物を極端に愛する性向。

（センター試験出題）

## 戦略の決定

**例題1**と違って、こちらは前書きに出題者によるテーマが示されていない。問題文の表題も『都市の憂鬱』という漠然としたものだ。また、問題文全体を見渡しても、キーワードがしばしば出てきているわけでもない。

着眼点

問題文全体のまとまりが見えにくい。

設問も、文中の傍線部分四箇所にそれぞれ対応した部分説明問題が設けられている。このような類の問題に出会った時には、まず**傍線部分の表現に注目**してみよう。その上で、指示語の指す内容や同内容の言い換え、補足説明している箇所などの**関連する表現**（**関連する部分**）を追い、**各設問の選択肢を絞り込むためのポイントを抽出するのだ**。そうして部分部分に絡む設問をひとつひとつ片付けていくうちに、全体把握の問題も解きやすくなる。つまり【**戦略Ⅱ**】を使って解いていく。

着眼点

傍線部Bに含まれる指示語……「ここでも」
傍線部Cに含まれる指示語……「こうした」
傍線部Dにかかる指示語……「これこそが」

3つの戦略

## 戦略Ⅱ 文脈・前後関係から解く

（「部分」から「全体」へのアプローチ）

**1 傍線部分の表現をチェックする**

↓

**2 【関連する部分】を追う**

（ⅰ）【指示語】

（ⅱ）【同一表現】・【類似表現】

（ⅲ）【対比表現】・【並列表現】

（ⅳ）【因果関係】　など

各設問の見きわめのポイントを抽出する

↓

**3 部分説明問題を解く**

2で抽出したポイントを軸に選択肢を選り分ける。

↓

**4 3を手がかりに全体把握問題（もしあれば）を解く**

「攻略のプロセス②」でみた**関連する部分の追い方**を詳しく確認しよう。

## ◆判断材料の収集（2）―関連部分を追う―◆

**解法のコツ⑧**……傍線部分に関わる【指示語】

・傍線部分に 含まれて いるもの
・傍線部分に かかって いるもの
・傍線部分を 指して いるもの
などの指示語の指示内容は、きちんと押さえておく。

**解法のコツ⑨**……傍線部分と【同一】・【類似】の表現

・他の箇所で用いられている同じ言葉に要注意
……繰り返し使われている⇓重要だから・キーワードだから。

「つまり」
「いいかえれば」……（換言の接続詞）
「も」…………（並列の副助詞）
などに要注意⇓同種の内容を導く場合に用いられるものだから。

**解法のコツ⑩**……傍線部分と【対比】・【並列】されている表現

「しかし」「一方」などの対比の接続語に要注意。何と何とがどのように対比されているのかを、きちんと見きわめておこう。

**解法のコツ⑪**　……傍線部分に関わる【因果関係】

傍線部分が、
一、どのようにして生じたのか（前提・条件・原因）
二、そのことによってどうなったのか（影響・効果・結果）
ということを見きわめておこう。「だから」「したがって」などの接続語や、「……によって」などの表現に注意。

これらを踏まえて、それぞれの傍線部分を検討しながら、まずは部分説明の問題を解いてみよう。

**解法のコツ①**　……攻め方の方向性―設問（部分説明）から……

【戦略Ⅱ】は
設　問（部分説明）→問題文・資料（設問に関連する部分）→設　問（全体把握）の順で攻める。

最初は傍線部**A**から。直前に「つまり」という要約・換言の働きをもつ接続詞が用いられていることに注目しよう。

**解法のコツ⑨** ……関連部分の追い方──【同一・類似】の表現……

「ときどき瓶のふたを開いてはジャムを少しずつなめるような具合に、自分の日記を読みかえし、そのうえ新たな味つけまでしている」（ℓ14〜15）

＝ つまり（換言）

**傍線部A**

「新たな味つけ」とは、前段落の記述によれば「日記はただ毎日つけるだけでは十分ではない。それを繰り返し読み、かつ意見を追加してゆかなければいけないのだ」（ℓ7〜8）ということ、要するに、

**新たな味付け＝「コメントを追加すること」**

である。だとすれば、ここでは、

「保存という作業の基本」＝（ⅰ）「自分の日記を読みかえ」すこと
（ⅱ）「記述を追加する」こと

の二点を意味する。

ここまで押さえてから選択肢群を見てみよう。

## 部分説明問題を解く 1

**問2** 傍線部**A**「保存という作業の基本を忠実に守っている」とあるが、それはどういうことか。最も適当なものを、次の①〜⑤のうちから一つ選べ。

① 保存において重要なのは、現状をそのまま残すことだが、日記を後世に残すために？種々の工夫をこらすパヴェーゼの行為は、現在のあるがままの事実を忠実に将来に伝えようとする営みであるということ。

② 保存物が腐らないような密閉性の高さこそが保存の要点であるが、？日記を一人の読者として点検するパヴェーゼの行為には、自己の内面を純粋に密封しようとする姿勢が見られるということ。

③ 保存のためには、人工的に手を加えることが必要であるが、その日の日記を記すだけではなく、(ii)後から日記に記述を追加するパヴェーゼの行為は、保存に必要な加工にあたるということ。

④○ 保存をするのは保存物を何らかの形で用いるためであるが、(i)自分で自分の日記を読み、(ii)場合によっては記述を追加するパヴェーゼの行為は、保存物の使用という点で保存の目的にかなっているということ。

⑤ 財産の保存は、その財が自己増殖していく点に特徴があるが、その日の日記を書くだけでなく、(ii)後から記述を追加していくパヴェーゼの行為は、自己をしだいに増殖させていくような行為となっているということ。

(i)・(ii)ともに踏まえている選択肢が④しかないことは一目瞭然であろう。そもそも(i)の内容＝「自分で自分の日記を読みかえす」ということについて触れている選択肢は④しかないのである。③・⑤は(ii)だけで(i)がない。①の「種々の工夫」、②の「点検する」では具体的内容がわからない。したがって、正解は④。

続いて、**問3**を見よう。傍線部**B**の冒頭は「ここでも」である。

一、この「ここ」とは何なのか？

二、「ここでも」とは何と同じなのか？

の答えを、問題文中から探していこう。このような場合「も」の字は大きなヒントだ。この傍線部分の前の文に「収集がただの趣味以上のものとして広く行われるようになるの**も**」とあることを押さえれば、

**解法のコツ⑧**　……関連部分の追い方―【指示語】……

**「ここ」＝「収集が（単なる趣味以上のものとして）行われる」**

と捉えるのが妥当である。では、「も」で並べられているもう一方は何か。素直に読めば、前の文の主語（主部）であろう。「彼は遅刻した。私**も**遅刻した。」というふうに、「も」は基本的には前文の同じ要素を受けるものだ。さらに前の文を追っていくと「自己の内面を日記に綴るということは」が主部になっている。

ということは、「ここでも」からわかるのは、

(i)**日記を綴ること**

(ii)**単なる趣味以上の収集**　←「同じ原理」が作動している

ということだ。これだけ押さえて選択肢群を見てみよう。

## 部分説明問題を解く　2

**問3**　傍線部**B**「ここでも同じ原理が作動している」とあるが、何について、どのような「原理」が「作動」していると考えられるか。最も適当なものを、次の①〜⑤のうちから一つ選べ。

① 近代ヨーロッパにおいて蓄財の精神が働いているのと同じように、ブルジョワ社会においても、財の蓄積を尊ぶ資本主義の原理が働いているということ。

②○ (i)自己の内面を日記に綴る営みの背景に資本主義と個人主義の成長という原理が見られるように、(ii)趣味の域を超えた収集活動の広がりにもそのような背景があるということ。

③ (ii)収集はただの趣味以上のものであるが、収集活動と趣味活動の双方に、ブルジョワ社会を支える資本主義と個人主義の原理が働いているということ。

④ 資本主義と個人主義という二つの原理が近代ヨーロッパの基本的な精神を形成したように、その二つの原理が同じようにブルジョワ社会を形成したということ。

⑤△ (i)日記の発達の起源に財の蓄積という商業活動の原理があったように、(ii)収集活動が趣味以上のものとなっていくのも商業活動のためであるということ。

(i)・(ii)ともに含んでいるのが②と⑤の二つ。③には(ii)のみで、①・④にはどちらもない。②と⑤の違いは、背景として、②が**「資本主義と個人主義の成長という原理」**を指摘しているのに対して、⑤が**「商業活動の原理」**に言及している点。ここで問題文に再び戻ると「一方で資本主義、他方で個人主義という、ともに近代ヨーロッパの根幹をなすとも言うべき考え方」とある。②の**「資本主義と個人主義の成長という原理」という表現はこの部分を言い換えたもの**と考えられるから、⑤よりは②がベター、というわけだ。

続いて**問4**傍線部**C**。ここにも**「こうした逸脱」**という指示語がある。この指示内容を追っていこう。

**解法のコツ⑧** ……関連部分の追い方―【指示語】……

こうした**逸脱**

「この**自己目的化**あるいは自己疎外は、やはり**逸脱**…としか呼びえないものだろうか」

＝

「向上のための自己の記録が、自己というものに執着し沈潜する日記に転じた」（ℓ45）

まずは「こうした逸脱」が「日記の自己目的化」(i)を指すことを押さえよう。その上でさらに前の記述を追えば、

「堅実な……資本家がやがて金をためることだけが目的の守銭奴に堕」すること（ℓ43）

↓「**蓄財の自己目的化**」(ii)

「博物学的興味から何かの収集をはじめたはずの収集家がいつのまにか集めることそれ自体に情熱を傾けるにいたる」こと（ℓ43～44）↓「**収集の自己目的化**」(iii)

と「**同じ過程**」だとされているのである。

以上を整理すれば、傍線部分の「こうした逸脱」の指示内容は、

直接には(i)「**日記の自己目的化**」。ただし、(ii)「**蓄財の自己目的化**」や(iii)「**収集の自己目的化**」という内容も含めて語られているわけだ。

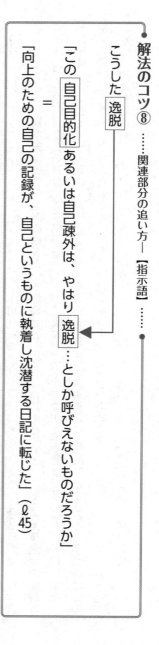

ここまで読んでから、選択肢群に目を移そう。

## 部分説明問題を解く 3

**問4** 傍線部**C**「こうした逸脱が実は近代社会に内在する性格の縮図にもなっている」とあるが、それはどういうことか。その説明として最も適当なものを、次の①～⑤のうちから一つ選べ。

①○ 日記が、自己の向上のための記録から、(i)自己目的化した日記へと転じたことと、近代社会において(iii)美術館や博物館など事物の収集それ自体に多大なエネルギーを傾ける設備が成立したこととは、同じ精神にもとづいているということ。

② 近代社会において、個人のレヴェルでの収集や×自己の記録である日記が定着し、趣味以上のものとして普及したのと同様に、美術館や博物館・古文書館が制度化され、収集されたものが広く一般に公開されるようになったということ。

③ 一定の目標を定めて金銭を蓄積していた資本家が、金を貯めることだけが目的の守銭奴と化したように、日記を書くことで日々の反省をしていた日記の書き手も、×自己の向上それ自体に深くこだわるようになったということ。

④ 近代の資本主義社会で、個人が消費の対象にならない知識や財を記録・蓄積し、保存するようになったのは、美術館や博物館・古文書館の制度化や整備による影響から生じたことで、両者には共通の価値観が見られるということ。

⑤×自己の記録に拘泥する日記が、個人主義に根ざした病を反映する一方で×自己の蓄積と再生を目的とするように、近代以前の社会では考えられなかった美術館や博物館などの公開も、知識の保存と更新を目指しているということ。

よく見ると、(i)を踏まえている選択肢は①のみである。そもそも④には「日記」が登場しない。②は「記録」として日記を捉えているだけで**「自己目的化」に触れていない**。③・⑤は、日記を自己の「向上」「蓄積」「再生」といった目的のための手段としているが、**「記述することそれ自体」にこだわること＝「自己目的化」**なのである。したがって、正解は①。(iii)との関連も踏まえられていることを確認したい。

最後に**問５傍線部D**について。前行の**「これこそが」という主語を受ける述部になっている**ことに注目して、前に戻りながら「これ」の指示内容を追っていこう。

**解法のコツ⑧**……関連部分の追い方―**【指示語】**……

「これ」
＝
「たえず自己にまつわる記憶を喚起し、それを想像力に結びつけて、存在の感覚を確認すること」（ℓ60〜61）
←（具体的には）
「パヴェーゼのような日記作家」がその営みを行った……とされている。

ここで、傍線部**D**の前文に「これにたいして」とあり、**「蓄財や収集癖」や「備忘録や反省の記録」と対比されていることも押さえよう**。以上を整理すると、このようになる。

**解法のコツ⑩**……関連部分の追い方──【対比・並列】……

蓄財や収集癖＝自己目的化してはいるが、事物とのつながりがある。

⇔

傍線部D＝日記（記憶の喚起・想像力・存在の確認）

⇔

備忘録や反省の記録＝毎日綴られるが、消費し尽くされて姿を消してしまう。

「事実」や「事物」という現実を超えて、「記憶・想像力」に働きかけるものということだ。これだけ押さえてから選択肢群に目を移そう。

## 部分説明問題を解く　4

**問5**　傍線部**D**「一見したところ苦渋にみちてはいるが、それでも他の何ものにも換えがたい楽しみであったにちがいない」とあるが、ここからうかがわれる筆者の日記に対する考え方に合致するものを、次の①～⑤のうちから一つ選べ。

① 保存という行為の本質を純粋に追求した日記は、出口のない迷路であるとともに、再読や新たな記述の追加によって想像力が解放される場所でもある。

② 日記を記述することは、逆に記憶を希薄にするという作用を持つが、日記を読むことを通して、記憶を喚起し、それを想像力に結びつけて、存在感を味わうことができる。

③ 日記の機能を極度に追求したために、外部への道を閉ざされたような日記は、自己への沈潜・耽溺に終始する一方で、自己を完全に保存してくれるものとなる。

④　日記は、蓄財や収集の場合と違い、保存した自己を他のものと交換することはできないが、それだけに自己を不変のものとして保存するという楽しみがある。

⑤　個人が内面を書き記した日記は、自己目的化や自己疎外を通して近代精神の病をもたらすが、一方において、知識や財を記録し、永遠化する楽しみがある。

**「記録」**についてしか触れていない⑤は不適切。「近代精神の病をもたらす」という点も重大な誤りである。③の「自己を完全に保存してくれる」や④の「自己を不変のものとして保存する」というのも、**「想像力」によ**る**存在の再確認**というニュアンスからは遠い。①の「想像力が解放される」や②の「記憶を喚起し、それを想像力に結びつけて……」はこの点はＯＫ。ただし②は、「日記を記述すること」が「逆に記憶を希薄にするという作用を持つ」が誤り。**問２**で見たように、パヴェーゼの日記における**「保存という行為の本質」**とは、読みかえ**した上で「記述を追加する」**ことにあり、「記憶を希薄にする」はそれに矛盾する。したがって、正解は①。

ここまで考えを進めたところで、正解の選択肢をもう一度確認してみよう。

**問２　④　保存をするのは保存物を何らかの形で用いるためであるが、自分で自分の日記を読み、場合によっては記述を追加するパヴェーゼの行為は、保存物の使用という点で保存の目的にかなっているということ。**

**問３　②　自己の内面を日記に綴る営みの背景に資本主義と個人主義の成長という原理が見られ**

るように、趣味の域を超えた収集活動の広がりにもそのような背景があるということ。

問4　①　日記が、自己の向上のための記録から、自己目的化した日記へと転じたことと、近代社会において美術館や博物館など事物の収集それ自体に多大なエネルギーを傾ける設備が成立したこととは、同じ精神にもとづいているということ。

問5　①　保存という行為の本質を純粋に追求した日記は、出口のない迷路であるとともに、再読や新たな記述の追加によって想像力が解放される場所でもある。

これらから、この問題文の全体の議論の枠組みが見えてくる。

(i)「自己目的化した日記」
＝
(ii)「自己の保存」「想像力の解放」
ということが軸にあり、

それらは(iii)近代社会特有の原理＝「資本主義」と「個人主義」を背景とするものである

これを踏まえて問6の選択肢群を見てみよう。

## 全体把握問題を解く　1

**問6**　本文における筆者の主張に合致するものを、次の①〜⑥のうちから二つ選べ。ただし、解答の順序は問わない。

① 日記という保存装置に保存された自己も、消費されうる点で、瓶に保存されたジャムと同じだが、その消費のあり方はジャムと大きく違っている。日記に保存された自己の場合、収集された切手や昆虫と同じく、×消費されることが最初から期待されていない。

② 日記を書くという行為の本質的な部分にあるのは、日記を書く人物の孤独であるため、自己を増殖させたいという願望が生まれる。その自己増殖の結果、日記を書く行為は×近代社会を生きる人間の孤独をいやし、孤独の迷路からの解放をもたらす。

③○ 日記に記述を追加するパヴェーゼの行為は、完成しない自己の像を完成させようとする果てしない試みである。その(i)自己の像への執着は(iii)近代精神の病の徴候であるが、そこには過去を再構成するばかりでなく、(ii)想像力の領域でも存在の感覚を確認しようとする志向が潜んでいる。

④ 日記の書き手は世界にただ一人の個人であるという条件があるため、日記の中の自己は貨幣や収集品と違って、いくら自己増殖しても他のものと交換できない。個人のそのかけがえのなさゆえに、日記においては、自己の反省や克己心・向上心が記され、×よりよい自己の実現に向けて努力が語られる。

⑤ 反省の記録としての日記は自己の向上という功利的な目的がある点で、商人のつける会計簿と類似する。しかし、×世俗的な向上を目指す自己中心的な功利性ゆえに、社会的、道徳的に外部への道が閉ざされることになり、自己に沈潜する自己目的化した日記へと転じることにもなる。

⑥○ (i)書くこと自体が目的化した日記は、たとえ具体的に自己の出来事が書かれていなくても、自己増殖的な性格が強く、(iii)近代以降の美術館や博物館などと共通の構造を備えている。ただし、日記の場合、(ii)保存の対象が抽象的な自己の思念になる分だけ、自己目的化が純粋になる傾向がある。

③・⑥の記述は(i)・(ii)・(iii)の三つをすべて踏まえている。一方、①の日記とジャムの保存の異同のポイント、消費されるか否かといった記述は論点がずれているし、②の「孤独をいやし」という記述も問題文には書かれていない。④の「よりよい自己の実現に向けて努力が語られる」というのは**「自己目的化した日記」**ではなくて、**問4**の①で対比されているところの「自己の向上のための記録」の方に通じる。⑤はこの点では問題ないが、「世俗的な向上を目指す自己中心的な功利性ゆえに」とされている点が誤り。**「自己目的化した日記」は向上という目的からの「逸脱」なのであり、その点において「近代」の産物といえるのである。**というわけで正解は③・⑥の二つとなる。

**【戦略Ⅱ】に沿った「部分から全体へ」という解き方**はこのように進めるとよい。続く第三の例題では、設問・選択肢をもとに解く考え方について扱っていく。

## 例題3　宇杉和夫「路地がまちの記憶をつなぐ」（二〇一七年度試行調査）

次の文章と図表は、宇杉和夫《うすぎかずお》「路地がまちの記憶をつなぐ」の一部である。これを読んで、後の問い（問1〜5）に答えよ。なお、表1、2及び図3については、文章中に「（表1）」などの記載はない。※解説の都合上、行数表記を付した。

表1

| | 近代道路空間計画システム | 路地空間システム（近代以前空間システム） |
|---|---|---|
| 主体 | クルマ・交通 | 人間・生活 |
| 背景 | 欧米近代志向 | 土着地域性 |
| 形成 | 人工物質・基準標準化 | 自然性・多様性・手づくり性 |
| 構造 | 機能・合理性・均質性 | A 機縁物語性・場所性・領域的 |
| 空間 | B 広域空間システム・ヒエラルキー | 地域環境システム・固有性 |
| 効果 | 人間条件性・国際普遍性 | 人間ふれあい性・地域文化継承 |

### 近代空間システムと路地空間システム

訪れた都市の内部に触れたと感じるのは、まちの路地に触れたときである。そこには香りがあって、固有で特殊でありながら、かつどこかで体験したことのある記憶がよぎる。西欧の路地は建物と建物のすきまで、さまざまなはみ出しものがなく管理されている。路地と内部空間との結びつきは窓とドアにより単純である。日本の路地は敷地と敷地の間にあり、また建物と建物の間にあり、建物には出窓あり、掃き出し窓あり、縁あり庇《ひさし》あり、塀あり等、多様で複雑である。敷地の中にも建物の中にも路地（土間）はあった。

日本の路地空間には西欧の路地にはない自然性がある。物質としての自然、形成過程としての自然、の2つである。日本の坪庭（注1）を考えてみよう。やはり建物（4つの）に囲まれた坪庭の特徴はそこが砂や石や土と緑の自然の空間である。さらにその閉じた自然は床下を通って建物外部にもつながっている。日本の路地にも、坪庭のように全面的ではないが自然性が継承されている。また路地空間の特徴は、ある数戸が集まった居住建築の中で軒や縁の重なった通行空間であることである。そこは通行空間であるが居住集合のウチの空間であり、その場所は生活境域としてのまとまりがある。ソトの空間から区切られているが通行空間としてつながるこの微妙な空間システムを継承するには物理的な仕組みの継承だけでな

表2

| | 地形と集落の路地 | | | |
|---|---|---|---|---|
| | 低地の路地 | 台地の路地 | 地形の縁・境界 | 丘陵・山と路地 |
| **非区画型路地**<br>(オモテウラ型)<br>(クルドサック型) | 水路と自由型 | トオリとウラ道 | 山辺路地・崖縁路地<br>崖(堤)下路地・階段路地<br>行き当たり封鎖 | 丘上集<br>崖上路地<br>景観と眺望 |
| **区画内型路地**<br>(パッケージ型) | 条理区画<br>条坊区画<br>近世町家区画<br>耕地整理<br>土地区画整理 | 条理区画<br>条坊区画<br>近世町家区画<br>耕地整理<br>土地区画整理 | | |

く、近隣コミュニティの中に相関的秩序があり、通行者もそれに対応できているシステムがある。

現在、近代に欧米から移入され、日本の近代の中で形成されてきた都市空間・建築空間システムが環境システムと併せて改めて問われている。しかし日本にもち込まれた近代は、明治開国まではその多くは東南アジア、東アジアで変質した近代西欧文化で融和性もあった。明治に至って急速な欧米文化導入の後の日本の近代の空間計画を見れば、路地空間、路地的空間システムは常に、大枠として近代の空間システムと対照的位置にあることが理解できる。近代の空間計画の特徴を産業技術発展と都市化と近代社会形成の主要3点についてあげれば、その対照に路地空間の特徴をあげることは容易である。すなわち、路地的空間、路地的空間システムについて検討することは近代空間システムとは異なる地域に継承されてきた空間システムについて肯定的に検討することになる。

## 路地の形成とは記憶・持続である

路地的空間について述べる基本的な視座に、「道」「道路」の視座と「居住空間」の視座があり、どちらか片方を省くことはできない。道・道路は環境・居住空間の基本的な要素である。その環境・都市は人間を総体的に規定し、文化も個も環境の中から生まれてきた。行動を制約してしまう環境としての住宅と都市、その正しい環境、理想環境とは何かをどう問いかけるか。これが西欧の都市は古代以来明確であった。都市は神の秩序で、神と同じ形姿をもつ人間だけが自然の姿と都市の姿を生活空間として描くことができた。

これに対し、日本とアジアの都市の基本的性質である「非西欧都市」の形成を近代以前と

図１

◎参道型路地的空間
東京・神田の小祠《しょうし》には、その手前の街区に参道型路地的空間が発見できた

図２

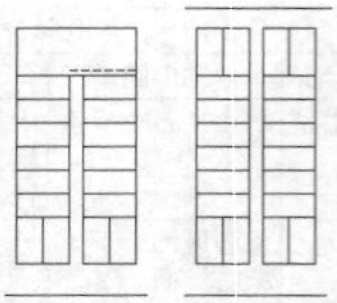


◎参道型路地空間とパッケージ型路地空間
月島の通り抜け路地は典型的なパッケージ型路地である

図３

◎東京・江東区の街区形成と通り
自動車交通、駐車スペースにならずガランとした通りもある

近代に分けて、その形成経過を次の世代にどう説明・継承するのか、すなわちどう持続させていくのかが重要である。そして体験空間の形成・記憶の継承と路地的空間の持続はこの大事な現在の問題の骨格になり続けるものと考えることができる。この根本的な次元では現在の区画化された市街地形成のモデルだけでなく、その形成過程の記憶、原風景をも計画対象とすることが必要になっている。元来、日本の自然環境（自然景観）はアジアが共有する自然信仰の認識的な秩序の中にあった。日本のムラとマチは西欧と異なり、環境としての自然と一体的であり連続的関係であったのである。具体的には、周囲の（中心である）山と海に生活空間が深く結びついていた。結果として、路地は地形に深く結びついて継承されてきた。

まず、日本の道空間の原型・原風景は区画された街区にはないことを指摘したい。また「すべての道はローマに通ず」といわれ、ローマから拡大延長された西欧の道路空間と、日本の道空間は異なる。目的到着点をもつ参道型空間が基本であり、地域内の参道空間から折れ曲がって分かれ、より広域の次の参道空間に結びつく形式で、西欧のグリッド形式[注2]、放射形式の道路とは異なる（**図１**）。多くの日本のまちはこの参道空間の両側の店と住居とその裏側の空間からなり、その間に路地がある。これは城下町にも組み込まれてすきまとしての路地があるゆえに連続的、持続的であったと考えられるわけである。それによって面的に広がった計画的区画にある路地は同様のものが繰り返し連続するパッケージ型路地として前者の参道型路地、クルドサック型路地[注3]と区分できる（**図２**）。

この区画方形のグリッドの原型・原風景はどこか。ニューヨークはそのグリッド街路の原型をギリシャ都市に求め、近代世界の中心都市を目指した。アジアの都市にはそれとは異なる別の源流がある。日本の都市はこの区画街区に限らず、アジアの源流と欧米の源流の重複的形式の空間形成になっている。日本の路地は計画的な区画整形の中にあっても、そこに自

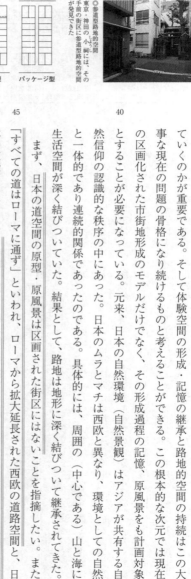

図4

◎東京・江東区の街区の中の路地
区画整理街区にも路地的空間がまちの特性をつくっている

図5

◎東京・墨田区向島の通り
向島の通り空間はカーブしてまちの特性となっている

然尊重の立場が基本にあり、その基盤となってきた。

日本にも西欧にも街区形式の歴史と継承がある。東京にも江戸から継承された街区がある。江東区の方形整形街区方式は堀割[注4]とともに形成された。自由形の水路に沿った路地と同様、区画整形街区も水面に沿った路地と接して形成されてきた。この方形形式は震災復興区画整理事業でも、戦災後の復興計画でも継続された。ここは近代の、整形を基本とする市街地整備の典型となるものである。しかし、そこに理想とした成果・持続が確認できるであろうか（**図4**）。

東京の魅力ある市街地としては地形の複雑な山の手に評価がある。山の手では否応《いやおう》なく地形、自然が関連する。しかし区画整形の歴史がある江東区では、計画が機能的・経済的に短絡されてきた。その中で自然とのつながりをもつ居住区形成には、水面水路との計画的な配慮が必要だった。単に区画整形するだけでは魅力ある住宅市街地は形成されない。その計画的な配慮とは、第1に地区街区の歴史的な空間の記憶を人間スケールの空間にして継承する努力である。体験されてきた空間を誇りをもって継承する意思である。路地的空間の継承である。これらを合理的空間基準が変革対象としてきたことに問題がある。この新区画街区の傍らに、水資源活用から立地した工場敷地跡地が、水辺のオープンスペースと高層居住の眺望・景観を売りものに再開発されれば、住宅需要者の希望は超高層マンションに向かい、街区中層マンションが停滞するのは当然のことである。

この2タイプに対して、向島地区の路地的空間は街区型でもなく、開放高層居住空間でもなく、自然形成農道等からなる地域継承空間システムの文脈の中にある（**図5**）。そしてそこでもまた居住者の評価が高まってきている。本来、地域に継承されてきた空間システムであれば、それは計画検討課題になり、結果がよければビジョンの核にもなるものであった。

ところが現実には、地域の継承空間システムは居住者の持続的居住欲求によって残り、また地域の原風景に対する一般人の希求・要求によって、結果として継承に至ったものが多く、計画的にはあくまで変革すべき対象であった経緯がある。計画とはあくまで欧米空間への追随であった。また、この地域継承の路地空間システム居住地区においても駅前や北側背後に水面をもつ地区において高層マンションも含む再開発が進行している。しかし、この再開発もル・コルビュジエ[注5]の高層地区提案のように、地区を全面的に変革するものではなく、路地的空間との関係こそが計画のテーマとなる方法論が必要である。

路地的空間をもつ低層居住地区にするか、外部開放空間をもつ高層居住地区にするかといった二者択一ではなく、地域・地区の中で両空間モデルが補完・混成して成立するシステムが残っている。地域の原風景、村の原風景は都市を含めてあらゆる地域コミュニティの原点である。その村（集落）の原風景がほとんど消滅しているが、家並みと路地と共同空間からなる村とまちの原風景は、現在のストックの再建に至った時には、すべての近代空間計画地の再生にあたって、可能性を検討すべきである。都市居住にとっても路地はふれあいと場所の原風景である。近代化の中でこそ路地の原風景に特別の意味があったとすれば、それは日本の近代都市計画を継承する新たな時代の１つの原点にもなるべきものである。

（宇杉和夫他『まち路地再生のデザイン――路地に学ぶ生活空間の再生術』による。
なお、一部表記を改めたところがある。）

（注）1 坪庭――建物に囲まれた小さな庭。
2 グリッド――格子。
3 クルドサック――袋小路。
4 堀割――地面を掘って作った水路。江東区には堀割を埋め立てて道路を整備した箇所がある。
5 ル・コルビュジエ――スイス生まれの建築家（一八八七〜一九六五）。

## 戦略の決定

構成も文脈も読み取りにくい問題、というものは多いが、この出題などがその例である。

着眼点

全体のテーマ・キーワードの有無は？
↓「路地空間」というキーワードを軸に論旨を追っても読み取りにくい
関連する部分の有無は？
↓傍線部分から関連する表現を追っていってもなかなか難しい

たとえば、

**表１**……傍線部**A**「機縁物語性」傍線部**B**「広域空間システム」という語句が表中に出現するのみで、本文中にはない。

**図２**……「パッケージ型」「参道型」という語句の意味について、本文中では簡略な説明がなされるのみである。

といった具合である。このような時はまず、**選択肢群を見て、そこから【見きわめのポイント】を抽出する**のがよい。**【戦略Ⅲ】**を使って解いていく。

3つの戦略

## 戦略Ⅲ　設問・選択肢から解く

（「部分」から「全体」へのアプローチ）

1　各設問の選択肢群を見比べ、【見きわめのポイント】を抽出

共通する文言……読解のヒント

相違する文言……見きわめのポイント

（ある キーワード の有無）

（ある事柄についての 捉え方の差 ）

→

2　部分説明問題を解く

1で抽出した【見きわめのポイント】にどれが一番近いか。

→

3　2を手がかりに全体把握問題を解く

**解法のコツ①** ……攻め方の方向性―**【戦略Ⅲ】**……

**選択肢（異同の抽出）→設問（部分説明）・問題文・資料→設問（全体把握）の順で考える。**

## 部分説明問題を解く　1

**問1**　文章全体の内容に照らした場合、**表1**の傍線部**A**・**B**はそれぞれどのように説明できるか。最も適当なものを、次の各群の①〜⑤のうちから、それぞれ一つずつ選べ。

**A**　機縁物語性

① 通行空間に緑を配置し、自然の大切さを認識できる環境に優しい構造。

② 生活者のコミュニティが成立し、通行者もそこに参入できる開放的な構造。

③ 生活環境としてまとまりがあり、外部と遮断された自立的な構造。

④ ウチとソトの空間に応じて人間関係が変容するような、劇的な構造。

⑤ 通行空間から切り離すことで、生活空間の歴史や記憶を継承する構造。

**表1**中の語句の意味内容を問われているが、傍線部**A**の「機縁物語性」という語句自体は本文中には登場しない。しかし**表1**から、「**路地空間システム**（**近代以前空間システム**）」の「**構造**」について表した言葉だとわかるので、本文中の路地空間システムについての記述、具体的には、第二段落を手がかりに選択肢を検討していく。

**解法のコツ③** ……視点の移動―ある事柄についての記述の相違……

「機縁物語性」で表される構造の特質を

① 「緑を配置」することや「自然の大切さを認識できる」と説明
② 生活者、さらには通行者も参入できる路地周辺のコミュニティとして説明
③ 外部と遮断された自立的な環境として説明
④ ウチとソトの空間に応じて人間関係が変容することとして説明
⑤ 通行空間から生活空間が切り離されていることとして説明

この違いを踏まえて問題文に戻り、日本の路地空間の特徴を述べた第二段落を中心にを見てみよう。

**問題文の分析**

(1) 「日本の路地にも、坪庭のように全面的ではないが自然性が継承されている」(ℓ10〜11)
(2) 「そこは通行空間であるが居住集合のウチの空間であり、その場所は生活境域としてのまとまりがある」(ℓ12〜13)
(3) 「ソトの空間から区切られているが通行空間としてつながるこの微妙な空間システム」(ℓ13〜14)
(4) 「近隣コミュニティの中に相関的秩序があり、通行者もそれに対応できているシステム」(ℓ15)

まずは、**本文の記述に明らかに合致しないものを除外**していく。

③は路地空間を外部から遮断されたものと説明しており、(3)にあるように外部から完全に切り離されたものとは見なさない本文の記述に矛盾する。⑤も同様に、通行空間から生活空間が切り離されていると述べている点が(2)・(3)の記述に反する。④は、ウチとソトの空間に応じての人間関係の変化について述べているが、(2)・(3)を見ても人間関係の変化という論点はない。よって、③・④・⑤の選択肢は除外できる。

残る選択肢は①と②である。①は、(1)の〈路地空間の自然性〉に関する記述との対応が見られ、②も、(4)の記述に合致するものと考えられる。そこでこの**二つの選択肢のどちらが、傍線部Aの「機縁物語性」という表現を踏まえた説明として適切であるか比較**してみよう。「機縁」とは〈あることが起こるきっかけ〉という意味であり、「物語」とは、人物が何らかの行動を起こして話の筋が展開することである。①と②とを比較した場合、何らかのきっかけによって人が行動を起こし、できごとが展開していくことの説明としてより適切なのは、空間における自然の配置について述べた①よりも、**生活者や通行者のコミュニティについて述べた②**だと考えることができる。

では次の傍線部**B**はどうか。

## 部分説明問題を解く　2

**B**

広域空間システム

① 中心都市を基点として拡大延長された合理的空間システム。

② 区画整理されながらも原風景を残した近代的空間システム。×

③ 近代化以前のアジア的空間と融合した欧米的空間システム。×

④ 産業技術によって地形を平らに整備した均質的空間システム。×

⑤ 居住空間を減らして交通空間を優先した機能的空間システム。×

まず、**すべての選択肢は「〜的空間システム」という形でまとめられているが**、①の「合理」、②の「近代」、③の「欧米」、④の「均質」、⑤の「機能」のいずれも、同じ**表1**中の「近代道路空間計画システム」の項に出てくる言葉であり、この部分で選択肢の適否を判断することはできない。そこで、**比較検討のポイントは各選択肢の前半部分に絞られる**。

**解法のコツ⑩**　……関連部分の追い方──**【対比・並列】**……

「広域空間システム」で表される空間の特徴を

① 中心都市を基点として拡大延長されていると説明

② 区画整理されながらも原風景を残していると説明

③ 近代化以前のアジア的空間と融合していると説明

④ 産業技術によって地形を平らに整備していると説明

⑤ 居住空間を減らして交通空間を優先していると説明

以上を本文の記述に照らして検討する。日本の路地空間システムとの対比で言及される箇所を捉えていこう。

**問題文の分析**

(1)「日本にもち込まれた近代は、明治開国まではその多くは東南アジア、東アジアで変質した近代西欧文化で融和性もあった」（ℓ18～19）……明治までに日本にもち込まれた融和性のある近代は本格的な欧米文化とは異なる

(2)「明治に至って急速な欧米文化導入の後の日本の近代の空間計画を見れば、路地空間、路地的空間システムは常に、大枠として近代の空間システムと対照的位置にあることが理解できる」（ℓ20～22）……欧米と日本の道空間の対照性

(3)「日本の道空間の原型・原風景は区画された街区にはない」（ℓ44）……欧米と日本の道空間の対照性

(4)「『すべての道はローマに通ず』といわれ、ローマから拡大延長された西欧の道路空間」（ℓ45）……西欧の道路空間

⑴〜⑶から、**日本と西欧の道路空間は対照的なものとして論じられていること**、傍線部**B**の**「広域空間システム」は欧米の道路空間について述べたものであること**を押さえる。すると、②・③のように両者の融合について述べた選択肢は、本文の趣旨にそぐわないものとして除外できる。また④・⑤は、本文中に対応する記述がない。残る**①は⑷の記述に対応しているため**、これを選ぶことができる。

続いて**問2**を見ていこう。

## 部分説明問題を解く 3

**問2** 図2の「パッケージ型」と「参道型」の路地の説明として最も適当なものを、次の①〜⑤のうちから一つ選べ。

① パッケージ型の路地とは、近代道路空間計画システムによって区画化された車優先の路地のことであり、参道型の路地とは、アジアの自然信仰に基づいた、手つかずの自然を残した原始的な路地を指す。

② パッケージ型の路地とは、区画整理された路地が反復的に拡張された路地のことであり、参道型の路地とは、通り抜けできない目的到着点をもち、折れ曲がって持続的に広がる、城下町にあるような路地を指す。

③ パッケージ型の路地とは、ローマのような中心都市から拡大延長され一元化された路地のことであり、参道型の路地とは、祠《ほこら》のような複数の目的到達地点によって独自性を競い合うような日本的な路地を指す。

④ パッケージ型の路地とは、ギリシャの都市をモデルに発展してきた同心円状の幾何学的路地のことであり、参道型の路地とは、通行空間と居住空間が混然一体となって秩序を失ったアジア的な路地を指

す。

⑤　パッケージ型の路地とは、通り抜けできる路地と通り抜けできない路地が繰り返し連続する路地のことであり、参道型の路地とは、他の路地と連続的、持続的に広がる迷路のような路地を指す。

**解法のコツ⑩**　……関連部分の追い方――【対比・並列】……

「パッケージ型」「参道型」という二つのキーワードについての記述を対比的に読み取る。

**問題文の分析**

(1)　「『すべての道はローマに通ず』といわれ、ローマから拡大延長された西欧の道路空間」（ℓ45）

(2)　「（日本の道空間は）目的到着点をもつ参道型空間が基本であり、地域内の参道空間から折れ曲がって分かれ、より広域の次の参道空間に結びつく形式で、西欧のグリッド形式、放射形式の道路とは異なる」（ℓ46～48）
……西欧のグリッド形式、放射形式と対比される日本の参道型空間

(3)　「多くの日本のまちは……すきまとしての路地があるゆえに連続的、持続的であったと考えられる」（ℓ48～50）

(4)「計画的区画にある路地は同様のものが繰り返し連続するパッケージ型路地として前者の参道型路地、クルドサック型路地と区分できる」（ℓ51～52）……同じパターンが繰り返し連続するパッケージ型路地と参道型路地の対比

以上を踏まえて、二つのキーワードの対比を押さえた上で選択肢を検討してみよう。

**解法のコツ③** ……視点の移動―ある事柄についての記述の相違……

①パッケージ型＝車優先の路地
参道型＝手つかずの自然を残した原始的な路地
②パッケージ型＝区画整理された路地が反復的に拡張された路地
参道型＝通り抜けできない目的到着点をもち、折れ曲がって持続的に広がる路地
③パッケージ型＝中心都市から拡大延長され一元化された路地
参道型＝複数の目的到達地点によって独自性を競い合うような路地
④パッケージ型＝同心円状の幾何学的路地
参道型＝通行空間と居住空間が混然一体となって秩序を失ったアジア的な路地
⑤パッケージ型＝通り抜けできる路地と通り抜けできない路地が繰り返し連続する路地
参道型＝連続的、持続的に広がる迷路のような路地

まず、①の車優先か自然を残すかという比較のポイントは本文で触れられていないため、除外することができる。また、③は「複数の目的到達地点によって独自性を競い合う」という記述が本文で述べられていない内容である。④は「通行空間と居住空間が混然一体」となっているという内容は、日本の路地空間についての部分で述べられているものの、「パッケージ型」と「参道型」の対比とは論点が異なる。⑤では「通り抜けできる路地と通り抜けできない路地が繰り返し連続する」とあるが、⑷で「同様のものが繰り返し連続する」と述べられていることに反する。

残る②は「パッケージ型」「参道型」の説明とも不備がないため、これを選ぶことができる。

続いて**問3**である。

## 部分説明問題を解く　4

**問3**　**図3**の江東区の一画は、どのように整備された例として挙げられているか。その説明として最も適当なものを、次の①～⑤のうちから一つ選べ。

①　街区の一部を区画整理し、江戸の歴史的な町並みを残しつつ複合的な近代の空間に整備された例。

②　区画整理の歴史的な蓄積を生かし、人間スケールの空間的記憶とその継承を重視して整備された例。

③　江戸から継承された水路を埋め立て、自動車交通に配慮した機能的な近代の空間に整備された例。

④　堀割や水路を大規模に埋め立て、オープンスペースと眺望・景観を売りものにして整備された例。

⑤　複雑な地形が連続している地の利を生かし、江戸期の堀割や水路に沿った区画に整備された例。

本文中で江東区の街区形成について述べた箇所（ℓ58～62）に焦点を絞ろう。

問題文の分析

(1)「日本にも西欧にも街区形式の歴史と継承がある。東京にも江戸から継承された街区がある。江東区の方形整形街区方式は堀割とともに形成された。自由形の水路に沿った路地と同様、区画整形街区も水面に沿った路地と接して形成されてきた。この方形形式は震災復興区画整理事業でも、戦災後の復興計画でも継続された。ここは近代の、整形を基本とする市街地整備の典型となるものである」(ℓ58〜62)

右の記述から、(i)江東区は江戸から街区形式が継承された例であること、(ii)街区形式は震災後や戦災後にも、近代の整形を基本とする市街地整備の中に継承されていることを押さえる。

江東区の街区形式についての本文の記述は右の箇所だけだが、**注の情報も見逃さずに活用**したい。

**解法のコツ⑤** ……全体的な「仕掛け」―出題者のメッセージ……

(注) 4 堀割――地面を掘って作った水路。江東区には堀割を埋め立てて道路を整備した箇所がある。

「自由形の水路に沿った路地と同様、区画整形街区も水面に沿った路地と接して形成されてきた」という本文の記述と合わせれば、江東区における街区形式の「継承」とは、(iii)埋め立てた水路に沿って街区を形成することだという出題者のメッセージを読み取ることができる。

ここまでで抽出した(i)～(iii)のポイントを不足なく押さえているかどうかで、選択肢を選別すればよい。

**解法のコツ②** ……視点の移動―ある要素の有無……

① 街区の一部を区画整理し、(i)江戸の歴史的な町並みを残しつつ複合的な(ii)近代の空間に整備された例。

② 区画整理の歴史的な蓄積を生かし、人間スケールの空間的記憶とその継承を重視して整備された例。

③ (i)(iii)江戸から継承された水路を埋め立て、自動車交通に配慮した(ii)機能的な近代の空間に整備された例。

④ (i)堀割や水路を大規模に埋め立て、オープンスペースと眺望・景観を売りものにして整備された例。

⑤ 複雑な地形が連続している地の利を生かし、(i)(iii)江戸期の堀割や水路に沿った区画に整備された例。

(i)～(iii)をすべて含んでいる選択肢は③である。

次に**問４**である。文章全体のまとめの設問であり、**ここまでの設問で読み取った内容を踏まえて選択肢を比較検討する**。

## 全体把握問題を解く 1

**問4** 「路地空間」・「路地的空間」はどのような生活空間と捉えられるか。文章全体に即したまとめとして適当なものを、次の①〜⑥のうちから二つ選べ。

① ×自然発生的に区画化された生活空間。
② ○地形に基づいて形成された生活空間。
③ ×大自然の景観を一望できる生活空間。
④ ×都市とは異なる自然豊かな生活空間。
⑤ ×通行者の安全性を確保した生活空間。
⑥ ○土地の記憶を保持している生活空間。

### 解法のコツ③ ……視点の移動―ある事柄についての記述の相違……

① 「自然発生的に区画化」……図4の説明文中に「区画整理街区にも路地的空間がまちの特性をつくっている」とあるのに反する。

② ○「地形に基づいて形成された」……水路に沿って街区形成した江東区の例に合致する。

③ 「大自然の景観を一望できる」……路地空間の「自然性」として挙げられているのは「建物（4つの）に囲まれ」た「全面的ではない」自然性である（ℓ8〜10）。

④ 「都市とは異なる自然豊かな」……路地空間が都市に存在しないものだとは本文にはない。

⑤ 「通行者の安全性を確保した」……本文に述べられていない。

⑥ ○「土地の記憶を保持している」……「地区街区の歴史的な空間の記憶を人間スケールの空間にして継承する努力（ℓ68〜69）」＝「路地的空間の継承（ℓ69）」という記述に合致する。

以上から、②と⑥が適切な選択肢である。
最後に問5について。

## 本文から発展させた内容を問う問題を解く　1

**問5**　まちづくりにおける「路地的空間」の長所と短所について、緊急時や災害時の対応の観点を加えて議論した場合、文章全体を踏まえて成り立つ意見はどれか。最も適当なものを、次の①〜⑤のうちから一つ選べ。

①　機能性や合理性を重視する都市の生活にあって、路地的空間は緊急時の対応を可能にする密なコミュニティを形成するという長所がある。一方、そうした生活境域としてのまとまりはしばしば自然信仰的な秩序とともにあるため、近代的な計画に基づいて再現することが難しいという短所がある。

②　日本の路地的空間は欧米の路地とは異なり、自然との共生や人間同士のふれあいを可能にするという長所がある。一方、自然破壊につながるような区画整理を拒否するため、居住空間と通行空間が連続的に広がらず、高齢の単身居住者が多くなり、災害時や緊急時において孤立してしまうという短所がある。

③　豊かな自然や懐かしい風景が残存している路地的空間は、持続的に住みたいと思わせる生活空間であり、相互扶助のコミュニティが形成されやすいという長所がある。一方、計画的な区画整理がなされていないために、災害時には、緊急車両の進入を妨げたり住民の避難を困難にしたりする短所がある。

④　路地的空間には、災害時の避難行動を可能にする機能的な道・道路であるという点で、近代的な都市の街区にはない長所がある。一方、都市居住者にとって路地的空間は地域の原風景としてばかり捉えられがちで、そうした機能性が合理的に評価されたり、活用されたりしにくいという短所がある。

⑤ 再開発を行わず近代以前の地域の原風景をとどめる低層住宅の路地的空間は、コミュニティとしての結束力が強く、非常事態においても対処できる長所がある。一方、隣接する欧米近代志向の開放高層居住空間のコミュニティとは、価値観があまりにも異なるために共存できないという短所がある。

問題文自体には書かれていない、踏み込んだ内容について問われているため、選択肢の比較検討によって解答を導き出すことになる。「路地的空間」の長所と短所についての議論であるから、選択肢前半の【長所】と後半の【短所】に分けて、順に比較検討してみよう。

## 解法のコツ③ ……視点の移動―ある事柄についての記述の相違……

【長所】（前半）

① 機能性や合理性を重視する都市の生活にあって、路地的空間は緊急時の対応を可能にする密なコミュニティを形成するという長所がある。

② 日本の路地的空間は欧米の路地とは異なり、自然との共生や人間同士のふれあいを可能にするという長所がある。

③ 豊かな自然や懐かしい風景が残存している路地的空間は、持続的に住みたいと思わせる生活空間であり、相互扶助のコミュニティが形成されやすいという長所がある。

④ 路地的空間には、災害時の避難行動を可能にする機能的な道・道路であるという点で、近代的な都市の街区にはない長所がある。

⑤ 再開発を行わず近代以前の地域の原風景をとどめる低層住宅の路地的空間は、コミュニティとしての結束力が強く、非常事態においても対処できる長所がある。

**④以外の選択肢は路地空間のコミュニティ、人間同士のふれあいといった要素を長所として挙げており、あまり違いがないことがわかる。**この要素は**問1**傍線部**A**でも見たように、本文に照らして適切なものである。一方、**④だけは「災害時の避難行動を可能にする機能的な道・道路である」という点を長所として挙げている。**これに関しては、**問2**「参道型」に関する設問や**注3の記述**も参考にしよう。

**●解法のコツ⑤**……全体的な「仕掛け」―出題者のメッセージ……●

**(注)　3　クルドサック――袋小路。**

日本の路地空間を「**参道型**」というキーワードに加えて「**クルドサック型**」つまり「**袋小路**」であるとも表現している。「袋小路」とは行き止まりになった道のことであるので、「**災害時の避難行動を可能にする機能的な道・道路**」**とは言い難い**だろう。この点から、④は適切な内容とはいえず、①・②・③・⑤に絞られる。

続いて、後半の短所に関する記述を見ていこう。この部分には、本文にはない踏み込んだ内容が多く盛り込まれているため、戸惑うかもしれない。しかしここでも慌てずに、**各選択肢をパーツに分けて、ヨコに視点を移動していく**。すべての選択肢は「（**特色**）**ため**／（**考えられる短所**）」**という構成**になっているので、まずは路地空間の特色について述べた部分を比較検討してみよう。

**解法のコツ③** ……視点の移動―ある事柄についての記述の相違……

【短所】（後半）

① 生活境域としてのまとまりはしばしば自然信仰的な秩序とともにある ○

② 自然破壊につながるような区画整理を拒否する ×

③ 計画的な区画整理がなされていない ○

⑤ 隣接する欧米近代志向の開放高層居住空間のコミュニティとは、価値観があまりにも異なる

①の自然信仰的な秩序が見られること、③の計画的な区画整理と相容れないことは、本文第五段落の記述と合致している。一方、②は、第十段落で「地域の継承空間システムは居住者の持続的居住欲求によって残り、また地域の原風景に対する一般人の希求・要求によって、結果として継承に至ったものが多く……（ℓ78～79）」とあり、自然破壊につながるという理由から区画整理が拒否されたとは書かれていないため、本文には合致しない。⑤は、本文に合致する記述はないが、本問のように「**文章全体を踏まえて成り立つ**」ものを選ぶような設問の場合には、**本文中に直接対応する記述がないというだけでは排除できない**。いったん保留して、①・③・⑤の選択肢末尾を比較検討しよう。

**解法のコツ③** ……視点の移動―ある事柄についての記述の相違……

【短所】（後半）

① 近代的な計画に基づいて再現することが難しい

③ 災害時には、緊急車両の進入を妨げたり住民の避難を困難にしたりする

⑤ （隣接する欧米近代志向の開放高層居住空間のコミュニティとは）共存できない

残る要素はすべて、**本文には書かれていない発展的内容**であるため、本文には選択の根拠を求めることができない。そこで**もう一度設問文を読み返し、どのような選択肢を選ぶよう求められているのかを確認する。**

**解法のコツ⑤**　……全体的な「仕掛け」―出題者のメッセージ……

**設問文＝「緊急時や災害時の対応の観点を加えて議論した場合、文章全体を踏まえて成り立つ意見はどれか」**

「緊急時や災害時の対応の観点を加えて」を見逃さないようにしたい。残る３つの選択肢の中で、この観点を含むものを探せば③のみとなる。したがって、これを解答とする。

なお、文章全体の内容を把握しながら発展的な考察を加える設問の場合、**問題文を読んだ生徒同士の対話と本文の趣旨との正誤を判断する問題**であることも多い。**会話文という形式をとってはいるが、筆者の主張や文章の趣旨をつかむ内容合致問題と本質は変わらない。**これまで見てきたように、**解法のコツ**を使い分けながら、本文を踏まえて選択肢を絞りこむことを基本に、この形式に対応していこう。

以上、三つの論理的文章を素材にして**【3つの戦略】**の使い方を解説した。
そしてこの**【戦略】**は、文学的文章の問題にも応用が利く。次の第2章で確認する。

# 第2章　文学的文章への対処

## 例題1　光原百合「ツバメたち」（二〇一七年度試行調査）

次の文章は、複数の作家による『捨てる』という題の作品集に収録されている光原百合《みつはらゆり》の小説「ツバメたち」の全文である。この文章を読んで、後の問い（問1〜5）に答えよ。なお、本文の上の数字は行数を示す。

〈一羽のツバメが渡りの旅の途中で立ち寄った町で、「幸福な王子」と呼ばれる像と仲良くなった。王子は町の貧しい人々の暮らしぶりをツバメから聞いて心を痛め、自分の体から宝石や金箔《きんぱく》を外して配るよう頼む。冬が近づいても王子の願いを果たすためにその町にとどまっていたツバメは、ついに凍え死んでしまった。それを知った王子の心臓は張り裂けた。金箔をはがされてみすぼらしい姿になった王子の像は溶かされてしまうが、二つに割れた心臓だけはどうしても溶けなかった。ツバメの死骸と王子の心臓は、ともにゴミ捨て場に捨てられた。その夜、「あの町からもっとも尊いものを二つ持ってきなさい」と神に命じられた天使が降りてきて、ツバメと王子の心臓を抱き、天国へ持ち帰ったのだった。

オスカー・ワイルド作「幸福な王子」より〉

**A**

遅れてその町にやってきた若者は、なんとも風変わりだった。つやのある黒い羽に敏捷《びんしょう》な身のこなし、実に見た目のいい若者だったから、南の国にわたる前、最後の骨休めをしながら翼の力をたくわえているあたしたちの群れに、問題なく受け入れられた。あたしの友だちの中にも彼に興味を示すものは何羽もいた。でも、彼がいつも夢のようなことばかり語るものだから——今まで見てきた北の土地について、これから飛んでいく南の国について、遠くを見るようなまなざしで語るばかりだったから、みんなそのうち興味をなくしてしまった。来年、一緒に巣をこしらえて子どもを育てる連れ合いには、そこらを飛んでいる虫を素早く見つけてたくさんつかまえてくれる若者がふさわしい。遠くを見るまなざしなど必要ない。

とはいえ嫌われるほどのことではないし、厳しい渡りの旅をともにする仲間は多いに越したことはないので、彼はあたしたちとそのまま一緒に過ごしていた。

そんな彼が翼繁《しげ》く通っていたのが、丘の上に立つ像のところだった。早くに死んでしまった身分の高い人間、「王子《プリンス》」と人間たちは呼んでいたが、その姿に似せて作った像だということだ。遠くからでもきらきら光っているのは、全身に金が貼ってあって、たいそう高価な宝石も使われているからだという。あたしたちには金も宝石も用はないが。

人間たちはこの像をひどく大切にしているようで、何かといえばそのまわりに集まって、列を作って歩くやら歌うやら踊るやら、仰々しく騒いでいた。

彼はその像の肩にとまって、あれこれとおしゃべりするのが好きなようだった。王子の像も嬉《うれ》しそうに応じていた。

「一体何を、あんなに楽しそうに話しているの？」

彼にそう聞いてみたことがある。

「僕の見てきた北の土地や、まだ見ていないけれど話に聞く南の国のことをね。あの方はお気の毒に、人間として生きていらした間も、身分が高いせいでいつもお城の中で守られていて、そう簡単にはよその土地に行けなかったんだ。憧れていた遠い場所の話を聞けるのが、とても嬉しいと言ってくださってる」

「そりゃよかったわね」

あたしたちには興味のない遠い土地の話が、身分の高いお方とやらには嬉しいのだろう。誇らしげに話す彼の様子が腹立たしく、あたしはさっさと朝食の虫を捕まえに飛び立った。

やがて彼が、王子と話すだけでなく、そこから何かをくわえて飛び立って、町のあちこちに飛んでいく姿をよく見かけるようになった。南への旅立ちも近いというのに一体何をしているのか、あたしには不思議でならなかった。

風は日増しに冷たくなっていた。あたしたちの群れの長老が旅立ちの日を決めたが、それを聞いた彼は、自分は行かない、と答えたらしい。自分に構わず発《た》ってくれと。

仲間たちは皆、彼のことは放っておけと言ったが、あたしは気になった。いよいよ明日は渡りに発つという日、あたしは彼をつかまえ、逃げられないよう足を踏んづけておいてから聞いた。ここで何をしているのか、なにをするつもりなのか。

彼はあたしの方は見ずに、丘の上の王子の像を遠く眺めながら答えた。

「僕はあの方を飾っている宝石を外して、それから体に貼ってある金箔をはがして、貧しい人たちに持って行っているんだ。あの方に頼まれたからだ。あの方は、この町の貧しい人たちが食べ物も薪《まき》も薬も買えずに苦しんでいることを、ひどく気にしておられる。こんな悲しいことを黙って見ていることはできない、けれどご自分は台座から降りられない。だから僕にお頼みになった。僕が宝石や金箔を届けたら、おなかをすかせた若者がパンを、凍える子どもが薪を、病気の年寄りが薬を買うことができるんだ」

あたしにはよくわからなかった。

「どうしてあなたが、それをするの？」

「誰かがしなければならないから」

「だけど、どうしてあなたが、その『誰か』なの？　なぜあなたがしなければならないの？　ここにいたのでは、長く生きられないわよ」

あたしは重ねて聞いた。彼は馬鹿にしたような目で、ちらっとあたしを見た。

「君なんかには、僕らのやっていることの尊さはＢわからないさ」

腹が立ったあたしは「勝手にすれば」と言って、足をのけた。彼ははばたいて丘の上へと飛んで行った。あたしはそれをただ見送った。

長い長い渡りの旅を終え、あたしたちは南の海辺の町に着いた。あたしは数日の間、海を見下ろす木の枝にとまって、沖のほうを眺めていた。彼が遅れて飛んで来はしないかと思ったのだ。しかし彼が現れることはなく、やがて嵐がやって来て、数日の間海を閉ざした。

この嵐は冬の到来を告げるもので、北の町はもう、あたしたちには生きていけない寒さになったはずだと、年かさのツバメたちが話していた。

彼もきっと、もう死んでしまっているだろう。

彼はなぜ、あの町に残ったのだろうか。貧しい人たちを救うため、自分ではそう思っていただろう。あたしなどにはそんな志はわからないのだと。でも本当のところは、大好きな王子の喜ぶ顔を見たかっただけではないか。

そうして王子はなぜ、彼に使いを頼んだのだろう。貧しい人たちを救うため、自分ではそう思っていただろう。でも……。

まあいい。どうせあたしにはCわからない、どうでもいいことだ。春になればあたしたちは、また北の土地に帰っていく。あたしはそこで、彼のような遠くを見るまなざしなど持たず、近くの虫を見つけてせっせとつかまえ、子どもたちを一緒に育ててくれる若者と所帯を持つことだろう。

それでも、もしまた渡りの前にあの町に寄って「幸福な王子」の像を見たら、聞いてしまうかもしれない。

あなたはただ、自分がまとっていた重いものを、捨てたかっただけではありませんか。そして、命を捨てても自分の傍《そば》にいたいと思う者がただひとり、いてくれればいいと思ったのではありませんか——と。

（光原百合他『捨てる』による。）

## 戦略の決定

前書きの部分で、問題文は『捨てる』という題の作品集に収められた文章であると説明されている。前書きの部分で言及されているということは、「捨てる」ということが、問題文の趣旨に関わる重大な概念なのだと推測し、これを念頭に置いて取り組もう。

**解法のコツ⑤**　……全体的な「仕掛け」―出題者のメッセージ……

**「前書き＝出題者による言葉」は、解答のヒントとする。**
**小説の場合、「前書き」の部分に概略の説明があることが多い。**

また、今回の問題文は、冒頭でオスカー・ワイルド「幸福な王子」のあらすじが記載されている。よって、これに続く問題文は「幸福な王子」の物語を下敷きにしたものであることがわかる。

**着眼点**

**場面設定・あらすじの把握**
**……幸福な王子は自分を犠牲にして貧しい人々を救い、またツバメは王子の願いを果たすため、自分の身を捧げた**

つまり、**「前書き」と冒頭の「引用部分」によって、今回の小説は「幸福な王子」の話をもとに、「捨てる」ということをテーマに書かれたものであると説明されているの**だ。以上を意識した上で、文章を読解していこう。

さらに、設問の全体を見渡して、次のように**問題文全体の「構成」に関わる問い**が二つあることを押さえておこう。

着眼点

問4　この小説は、オスカー・ワイルド「幸福な王子」のあらすじの記載から始まっている。この箇所（X）とその後の文章（Y）との関係はどのようなものか。

問5　次の【Ⅰ群】のa〜cの構成や表現に関する説明として最も適当なものを、後の【Ⅱ群】の①〜⑥のうちから、それぞれ一つずつ選べ。

こうしたことから**【戦略】**を立てるなら、

（ⅰ）**「王子」と「ツバメ」の自己犠牲の精神を賞賛する「幸福な王子」のあらすじを捉える（＝場面設定の把握）**

←

（ⅱ）**本文で描かれている「あたし」による「王子」と「ツバメ」の行為への解釈（＝趣旨）を、「捨てる」というテーマで読み解いていく**

という手順を踏むのが効率的であろう。つまり、今回は、全体↓細部というふうに解いていく**【戦略Ⅰ】**を使うのが得策である。

3つの戦略

## 戦略Ⅰ【構成】・【趣旨】から解く

**1 問題文全体の【趣旨】を見抜く**

(i) 出題者の言葉
(ii) 登場人物設定
全体の場面設定

に着目→「○○が××する」程度の一文にまとめてみる。

**【構成】・【趣旨】を引き出す**

**2 全体把握問題を解く**

「全体の趣旨を踏まえているか否か」で選択肢を見きわめる。

**3 部分説明問題を解く**

選択肢見きわめの観点は2と同じ。

## 1　問題文全体の【趣旨】を見抜く

「戦略の決定」でも見た通り、この問題では**【戦略Ⅰ】**を使う。

**解法のコツ①**　……攻め方の方向性―**【戦略Ⅰ】**……

**問題文・資料（構成・趣旨の把握）**
↓
**設問（全体把握問題）→設問（部分説明問題）の順で攻める。**

**全体の構成に関わる設問である問4・問5から**順に解いていこう。とくに**問4**は、全体の大きな枠組みを捉える設問であるため、この設問から**問題文の軸となる【趣旨】を押さえてしまおう**。それをもとに他の設問を読解することで解答の精度が高まるのだ。

まずは、問題文自体の構成と趣旨を大づかみに捉えておきたい。今回の問題文では、「幸福な王子」のあらすじが示されたあと、それに続く部分で「あたし」の目から捉えた「王子」と「一羽のツバメ（「彼」）」との関係・物語が描かれていた。

**解法のコツ⑥**　……全体的な「仕掛け」―問題の「仕掛け」……

**場面設定……誰と誰がどうする場面か**

**王子＝自分の身を犠牲にして町の貧しい人々を救う**

**一羽のツバメ「彼」＝王子の願いを果たすために自分の身を犠牲にする**

**誰の視点から描かれているか**

**あたし＝「彼」が身を寄せていた群れにいるメスのツバメ**

本文は、「幸福な王子」のあらすじに続けて、「尊いもの」とされていた「王子」と「彼」の行動に焦点を当て、それを「あたし」の視点から描いたものである。よって、**「あたし」が「王子」と「彼」の行動をどのように捉えているか**、という枠組で読解していくことになる。

**解法のコツ⑦**　……全体的な「仕掛け」―キーワード……

- **誇らしげに話す彼の様子が腹立たしく（ℓ31〜32）**
- **あたしには不思議でならなかった（ℓ34）**
- **あたしにはよくわからなかった（ℓ47）**
- **腹が立ったあたしは（ℓ54）**

「彼」の行動に対する「あたし」の言動を抽出すると、「腹立たしい」「わからない」といった表現が繰り返し出てくる。「幸福な王子」のあらすじ部分で賞賛されていた**王子と「彼」の自己犠牲的な行動に対して、「あたし」は違和感を覚え、いらだちさえ感じている**のである。

以上から、今回の問題文の趣旨はひとまず次のようなものだと判断できる。

**【趣旨】の把握**

尊い自己犠牲の精神として賞賛される「王子」と「彼」の行動を、「あたし」は「わからない」と感じ、両者の真意は別にあるのではないかと考えている。

## 2 全体把握問題を解く

このように問題文の趣旨を大づかみに捉えた上で、実際に全体把握問題を解いていく。趣旨に照らせば、まったく方向性の違う選択肢は簡単に除外できる。**問4**の選択肢群を見てみよう。

### 全体把握問題を解く 1

**問4** この小説は、オスカー・ワイルド「幸福な王子」のあらすじの記載から始まっている。この箇所（X）とその後の文章（Y）との関係はどのようなものか。その説明として適当なものを、次の①〜⑥のうちから**二つ**選べ。

①× Xでは、神の視点から「一羽のツバメ」と「王子」の自己犠牲的な行為が語られ、最後には救済が与えられることで普遍的な博愛の物語になっている。ツバメたちの視点から語り直すYは、Xに見られる神の存在を否定した上で、「彼」と「王子」のすれ違いを強調し、それによってもたらされた悲劇へと読み替えている。

②○ Xの「王子」と「一羽のツバメ」の自己犠牲は、人々からは認められなかったものの、最終的には神によってその崇高さを保証される。Yでも、献身的な「王子」に「彼」が命を捨てて仕えただろうことが暗示されるが、その理由はいずれも、「あたし」によって、個人的な願望に基づくものへと読

み替えられている。

③ Yでは、「あたし」という感情的な女性のツバメの視点を通して、理性的な「彼」を批判し、超越的な神の視点も破棄している。こうして、「一羽のツバメ」と「王子」の英雄的な自己犠牲が神によって救済されるというXの幸福な結末を、「あたし」の介入によって、救いのない悲惨な結末へと読み替えている。

④ Yには、「あたし」というツバメが登場し、「王子」に向けた「彼」の言動の不可解さに言及する「あたし」の心情が中心化されている。「一羽のツバメ」と「王子」が誰にも顧みられることなく悲劇的に終わるXを、Yは、「彼」と家庭を持ちたいという「あたし」の思いの成就を暗示する恋愛物語へと読み替えている。

⑤ Xは、愚かな人間たちによって捨てられた「一羽のツバメ」の死骸と「王子」の心臓が、天使によって天国に迎えられるという逆転劇の構造を持っている。その構造は、Yにおいて、仲間によって見捨てられた「彼」の死が「あたし」によって「王子」のための自己犠牲として救済されるという、別の逆転劇に読み替えられている。

⑥ Xでは、貧しい人々に分け与えるために宝石や金箔を外すという「王子」の自己犠牲的な行為は、「一羽のツバメ」の献身とともに賞賛されている。それに対して、Yでは、「王子」が命を捧げるように「彼」に求めつつ、自らは社会的な役割から逃れたいと望んでいるとして、捨てるという行為の意味が読み替えられている。

〔Xという物語で語られる内容が、Yで読み替えられる〕というX・Yの関係はどの選択肢にも共通しており、異同はXの内容と、Yにおける読み替えの内容にある。ポイントを抽出して比較しよう。

**解法のコツ③** ……視点の移動――ある事柄についての記述の相違……

① X＝神の視点から／普遍的な博愛の物語
Y＝ツバメたちの視点から／「彼」と「王子」のすれ違いを強調

② X＝「王子」と「一羽のツバメ」の自己犠牲／神によってその崇高さを保証
Y＝「あたし」の解釈／個人的な願望に基づくもの

③ X＝「一羽のツバメ」と「王子」の英雄的な自己犠牲／神によって救済
Y＝「あたし」の介入／救いのない悲惨な結末

④ X＝「一羽のツバメ」と「王子」の誰にも顧みられることのない悲劇的な結末
Y＝「彼」と家庭を持ちたいという「あたし」の思いの成就を暗示する恋愛物語

⑤ X＝「一羽のツバメ」の死骸と「王子」の心臓／天国に迎えられる
Y＝「彼」の死／「あたし」によって「王子」のための自己犠牲として救済

⑥ X＝「王子」の自己犠牲的な行為／「一羽のツバメ」の献身とともに賞賛される
Y＝「王子」が社会的役割を逃れるために「彼」に献身を求める＝「捨てる」

①はXとYともに視点に誤りがある。また、④は「あたし」の思いが成就する恋愛物語と説明した点が誤り。「あたし」が「彼」の行動を気にしていることは確かだが「恋愛」が成就しているという記述はまったくない。
⑤はYが不適切である。Yにおける「あたし」の彼に対する態度から、「彼」が救済されていることは読み取れない。

残るは②・③・⑥であるが、③は、自分の身を顧みず盲目的に「王子」に献身する「彼」を「理性的」とするのは不適切であるし、「あたし」の解釈を「救いのない悲惨な結末」と捉えるのは言い過ぎである。「あたし」は「王子」と「彼」の行為を、「自己犠牲」といった社会的、一般的な美談ではなく「個人的な願望」に基づくものであると考えているが、それが「救いのない」ことであるとはいえない。

ここで「あたし」がXで賞賛されていた「王子」と「ツバメ」の行為の理由をどう読み替えたか、本文で確認しよう。「ツバメ」に対しては「大好きな王子の喜ぶ顔を見たかっただけではないか」、「王子」に対しては「自分がまとっていた重いものを、**捨てたかっただけ**ではありませんか。……いてくれればいいと思ったのではありませんか」と、それぞれの「個人的な願望」に基づいた行動であると考えている。つまり、Xで紹介された「幸福な王子」の物語が、Yでは、「あたし」によって従来の解釈とは異なる「個人的な願望」に基づく物語に読み替えられる、という構造になっている。選択肢②と⑥はこの構造に合致するので、正解。

ここまでをもう一度整理しておこう。

**【趣旨】の把握**

自己犠牲の精神を表したものとされる「王子」と「ツバメ」の物語は、実際は「王子」と「彼」それぞれの「個人的な願望」に基づくものなのではないかと「あたし」は考えている。

・「個人的な願望」……「彼」＝大好きな王子の喜ぶ顔が見たい
　　　　　　　　　　「王子」＝自分に献身する者をただ一人残して、自分が負っている重い社会的な役割を捨てたい

問題文の趣旨が押さえられたら、続いて問題文の構成や表現を、**問5**を解きながら細かく確認していこう。
（行数表記は、本書内の行数にもとづく。）

## 構成や表現を問う問題を解く　1

**問5**　次の【Ⅰ群】のa〜cの構成や表現に関する説明として最も適当なものを、後の【Ⅱ群】の①〜⑥のうちから、それぞれ一つずつ選べ。

【Ⅰ群】

a　1〜7行目のオスカー・ワイルド作「幸福な王子」の記載

b　12行目「彼がいつも夢のようなことばかり語るものだから――」の「――」

c　57行目以降の「あたし」のモノローグ（独白）

【Ⅱ群】

①　最終場面における物語の出来事の時間と、それを語っている「あたし」の現在時とのずれが強調されている。

②　「彼」の性質を端的に示した後で具体的な例が重ねられ、その性質に注釈が加えられている。

③　断定的な表現を避け、言いよどむことで、「あたし」が「彼」に対して抱く不可解さが強調されている。

④　「王子」の像も人々に見捨てられるという、「あたし」にも想像できなかった展開が示唆されている。

⑤　「あたし」の、「王子」や「彼」の行動や思いに対して揺れる複雑な心情が示唆されている。

⑥　自問自答を積み重ねる「あたし」の内面的な成長を示唆する視点が加えられている。

**解法のコツ⑥**……全体的な「仕掛け」―問題の「仕掛け」……

**本文全体を3つの部分に分けて、構成を捉え直す。**
- **「幸福な王子」のあらすじ**（ℓ1～7）…**問5**［a］
- **「彼」の様子の説明**（ℓ9～23）…**問5**［b］
- **「彼」に対する「あたし」の思い**（ℓ25～55）
- **「あたし」の視点から見た「幸福な王子」の物語**（ℓ57～72）…**問5**［c］

この構成を念頭に置いて、**【Ⅰ群】**のa～cに当てはまるものを**【Ⅱ群】**から選ぶ。まず、**【Ⅱ群】**をざっと見て、**問題文の趣旨に合わないものを最初に除外しておく**と正解を絞りやすい。

①「現在時とのずれが強調されている」とあるが、とくに時間のずれを強調する記述は問題文からは読み取れない。また、⑥も「『あたし』の内面的な成長を示唆する視点」とあるが、「あたし」の成長についての記述は見られない。

残る②～⑤を**【Ⅰ群】**に合うように選んでいこう。**問4**でも見てきたように、cの「あたし」のモノローグでは、**「王子」と「彼」の物語が「あたし」の視点から読み替えられていた**。よって、「あたし」の視点から『王子』や『彼』の行動や思いに対して」の心情が描かれているとする⑤が適当であると判断できる。

次にaについて。aは**「幸福な王子」のあらすじの部分**であり、残りの②・③・④のうちでは、「王子」の像が人々に捨てられ溶かされてしまう点を「見捨てられる」として説明した④のみが当てはまる。「あたし」のモノローグ部分で「あの町に寄って『幸福な王子』の像を見たら、聞いてしまうかもしれない」とあることから、「あたし」が「王子」の像が捨てられるとは思っていない様子にも矛盾しない。

最後に、bについて。「夢のようなことばかり語る」という点を――の後の部分で「今まで見てきた北の土地について、これから飛んでいく南の国について、「遠くを見るようなまなざしで語る」と、**「夢のようなこと」**の**内容をより具体的に言い換えているため、**②が適当である。

ここまでで、問題文の構成・問題文の趣旨を押さえることができた。以上を踏まえて、**部分説明の問題に**とりかかろう。

## 3　部分説明問題を解く

これまで見てきたように、部分説明の選択肢問題は、**「選択肢をヨコに読む」**ことを基本に取り組もう。

### 部分説明問題を解く　1

**問2**　傍線部**A**「遅れてその町にやってきた若者は、なんとも風変わりだった。」にある「若者」の「風変わり」な点について説明する場合、本文中の波線を引いた四つの文のうち、どの文を根拠にするべきか。最も適当なものを、次の①〜④のうちから一つ選べ。

①　つやのある黒い羽に敏捷な身のこなし、実に見た目のいい若者だったから、南の国にわたる前、最後の骨休めをしながら翼の力をたくわえているあたしたちの群れに、問題なく受け入れられた。

②　あたしの友だちの中にも彼に興味を示すものは何羽もいた。

③　でも、彼がいつも夢のようなことばかり語るものだから——今まで見てきた北の土地について、これから飛んでいく南の国について、遠くを見るようなまなざしで語るばかりだったから、みんなそのうち興味をなくしてしまった。

④　とはいえ嫌われるほどのことではないし、厳しい渡りの旅をともにする仲間は多いに越したことはないので、彼はあたしたちとそのまま一緒に過ごしていた。

**問2**は、「彼」の人物像（キャラクター）に関する部分説明問題である。「若者（＝「彼」）」の「風変わり」な性質を説明した文を選択肢群の中から選ぶ。「風変わり」と似た意味のニュアンスを含む選択肢を探していこう。各選択肢で説明されている「若者」についての記述を整理すると次のようになる。

**解法のコツ⑨** ……関連部分の追い方―【同一・類似】……

**①＝見た目のいい若者**
**②＝彼に興味を示すものは何羽もいた**
**③＝夢のようなことばかり語る・遠くを見るようなまなざしで語るばかり**
**④＝嫌われるほどのことではない**

**ツバメたちの視点から見た時の「彼」の印象であることに注意したい。**③の直後の14行目に「そこらを飛んでいる虫を素早く見つけてたくさんつかまえてくれる若者がふさわしい。遠くを見るまなざしなど必要ない」とあるように、**ツバメたちにとって重要なのは、エサである虫をつかまえるという生活力**である。一方の「若者」は、そのようなことをせず**〈夢のようなことを、遠くを見るまなざしで語る〉**のだから**「風変わり」と言ってよいだろう**。よって、①～④の説明のうち、「風変わり」だと判断するのに適当なものは③である。「若者」は見た目がよく、嫌われるほどのことではないので群れの仲間に加わっていたものの、まわりからは変わり者として認識されて過ごしていたのである。

## 部分説明問題を解く　2

**問3**　傍線部**B**「わからないさ」及び傍線部**C**「わからない」について、「彼」と「あたし」はそれぞれどのような思いを抱いていたか。その説明として最も適当なものを、傍線部**B**については次の【Ⅰ群】の①～③のうちから、傍線部**C**については後の【Ⅱ群】の①～③のうちから、それぞれ一つずつ選べ。

【Ⅰ群】

① 南の土地に渡って子孫を残すというツバメとしての生き方に固執し、生活の苦しさから救われようと「王子」の像にすがる町の人々の悲痛な思いを理解しない「あたし」の利己的な態度に、軽蔑の感情を隠しきれない。

② 町の貧しい人たちを救おうとする「王子」と、命をなげうってそれを手伝う自分を理解するどころか、その行動を自己陶酔だと厳しく批判する「あたし」に、これ以上踏み込まれたくないと嫌気がさしている。

③ 群れの足並みを乱させまいとどう喝する「あたし」が、暴力的な振る舞いに頼るばかりで、「王子」の行いをどれほど熱心に説明しても理解しようとする態度を見せないことに、裏切られた思いを抱き、失望している。

【Ⅱ群】

① 「王子」の像を金や宝石によって飾り、祭り上げる人間の態度は、ツバメである「あたし」にとっては理解できないものであり、そうした「王子」に生命をかけて尽くしている「彼」のこともまたいまだに理解しがたく感じている。

② 無謀な行動に突き進んでいこうとする「彼」を救い出す言葉を持たず、暴力的な振る舞いでかえって「彼」を突き放してしまったことを悔い、これから先の生活にもその後悔がついて回ることを恐れている。

③ 貧しい人たちを救うためというより、「王子」に尽くすためだけに「彼」は行動しているに過ぎないと思っているが、「彼」自身の拒絶によってふたりの関係に介入することもできず、割り切れない思いを抱えている。

---

**問3**は「彼」と「あたし」のそれぞれの思いを読解する部分説明問題。まず傍線部**B**では、「彼」の思いについて読解する。**【Ⅰ群】**はどれも〈「あたし」の……な言動に、……という気持ちになった〉という構成で書かれている。したがって、選択肢を検討する場合は、(i)「彼」が「わからない」と感じた「あたし」の言動、(ii)それに対する「彼」の気持ちに注目する。

**解法のコツ③**　……視点の移動─ある事柄についての記述の相違……

①(i)ツバメとしての生き方に固執し……町の人々の悲痛な思いを理解しない利己的な態度
　(ii)軽蔑の感情
②(i)(王子と自分を)理解するどころか、自己陶酔だと厳しく批判する
　(ii)嫌気がさしている
③(i)暴力的な振る舞いに頼るばかりで、理解しようとする態度を見せない
　(ii)裏切られた思いを抱き、失望している

傍線部**B**で、「あたし」に対して、「彼」が「**馬鹿にしたような目**」をして「**君なんかには**、僕らのやっていることの尊さは**わからない**」と答えている点に注目しておこう。ここから、「彼」は、自分たちの行動に対して「どうしてあなたが、それをするの?」などと繰り返し問い詰めて理解を示さない「あたし」に、マイナスの感情を抱えたことが読み取れる。また、①の「生活の苦しさから救われようと『王子』の像にすがる町の人々」、③の「群れの足並みを乱させまいとどう喝」は本文から読み取れない。したがって、②が最も適切。

次に傍線部**C**について検討していこう。傍線部**C**は傍線部**B**と比べて**直接的な描写がないため、正誤の判定が難しい。しかし、ここで、これまで見てきた「問題文の趣旨」が生きてくる**。

傍線部**C**は、「王子」と「彼」の自己犠牲的な行動の本当の理由について、「王子」と「彼」それぞれの「個人的な願望」によるものではないか、と「あたし」が考えをめぐらす場面で、「わからない」は、その中で吐露される思いである。これを念頭に、各選択肢の内容を確認しよう。

**解法のコツ③** ……視点の移動—ある事柄についての記述の相違……

① 「王子」を祭り上げる人間の態度・「王子」に生命をかけて尽くしている「彼」のこと……理解しがたく感じている

② 「彼」を突き放してしまったことを悔い……後悔がついて回ることを恐れている

③ 「王子」に尽くすためだけに「彼」は行動しているに過ぎないが、ふたりの関係に介入できない……割り切れない思いを抱えている

「あたし」は「彼」が自分を犠牲にして町の人々を助けた本当の理由は、〈大好きな王子の喜ぶ顔が見たい〉というものだと考えて、**「あたし」なりに結論を出している**。**しかし、なぜ王子のためにそこまでするのか納得できず**、「まあいい」「どうせあたしにはわからない」「どうでもいいことだ」としながらも、「それでも、もしまた渡りの前にあの町に寄って『幸福な王子』の像を見たら、聞いてしまうかもしれない」と述べているのである。**この一連の心情は「割り切れない」思いということができ**、これに合致する③が正解。

①は、「あたし」が人間の態度を理解できない、と感じているとする点が、問題文からずれる。また、②のように「彼」を突き放してしまったことを後悔している描写や、今後、後悔するだろうことを恐れているという描写はない。

このように、前書きや、本文の出典に関する情報をもらさずに把握しながら、まずは**じっくりと全体の構造・趣旨を見抜き、それを踏まえた上でそれぞれの選択肢を見ていく**というプロセスを、試験本番でも落ち着いて実行できるようにしよう。

**◆補足《詩とエッセイ》の出題◆**

詩とエッセイが与えられるタイプの出題の場合も、【戦略Ⅰ】が有効である。まずエッセイの趣旨を捉えたあと、詩の部分読解の問題に取り組むのがよい。詩は限られた言葉から趣旨を読み取る必要があるため、読解を苦手とする人も多いが、一緒に出題されたエッセイをもとに考えると断然理解しやすくなる。エッセイが与えられているのは、読解のヒントにしてほしいという出題者のメッセージと受け取って活用したい。

次の例題で確認してみよう。

## 例題《詩とエッセイ》吉原幸子「紙」／「永遠の百合」（二〇一八年度試行調査）

次の詩「紙」（『オンディーヌ』、一九七二年）とエッセイ「永遠の百合《ゆり》」（『花を食べる』、一九七七年）を読んで（ともに作者は吉原幸子《よしはらさちこ》）、後の問い（問1～6）に答えよ。なお、設問の都合でエッセイの本文の段落に[1]～[8]の番号を付し、表記を一部改めている。

紙

愛ののこした紙片が
しらじらしく　ありつづけることを
いぶかる

書いた　ひとりの肉体の
重さも　ぬくみも　体臭も
いまはないのに

こんなにも
もえやすく　いのちをもたぬ
たった一枚の黄ばんだ紙が
こころより長もちすることの　不思議

いのち　といふ不遜
A [一枚の紙よりほろびやすいものが]
何百枚の紙に　書きしるす　不遜

死のやうに生きれば
何も失はないですむだらうか
この紙のやうに　生きれば

さあ
ほろびやすい愛のために
乾杯
残された紙片に
乾杯
いのちが
蒼《あお》ざめそして黄ばむまで
（いのちでないものに近づくまで）
乾杯！

永遠の百合

1 あまり生産的とはいえない、さまざまの優雅な手すさびにひたれることは、女性の一つの美点でもあり、（何百年もの涙とひきかえの）特権であるのかもしれない。近ごろはアート・フラワーという分野も颯爽《さっそう》とそれに加わった。

2 去年の夏、私はある古い友だちに、そのような〝匂わない〟百合の花束をもらった。「秋になったら捨てて頂戴ね」という言葉を添えて。

3 私はびっくりし、そして考えた。これは謙虚か、傲慢か、ただのキザなのか。そんなに百合そっくりのつもりなのか、そうでないことを恥じているのか。人間が自然を真似《まね》る時、決して自然を超える自信がないのなら、いったいこの花たちは何なのだろう。心こめてにせものを造る人たちの、ほんものにかなわないといういじらしさと、生理まで似せるつもりの思い上がりと。

4 枯れないものは花ではない。それを知りつつ枯れない花を造るのが、Bつくるということではないのか。——花そっくりの花も、花より美しい花もあってよい。それに香水をふりかけるもよい。だが造花が造花である限り、たった一つできないのは枯れることだ。そしてまた、たった一つできるのは枯れないことだ。

5 花でない何か。どこかで花を超えるもの。大げさに言うなら、ひと夏の百合を超える永遠の百合。それをめざす時のみ、つくるという、真似るという、不遜な行為は許されるのだ。（と、私はだんだん昂奮《こうふん》してくる。）

6 絵画だって、ことばだってそうだ。一瞬を永遠のなかに定着する作業なのだ。C個人の見、嗅いだものをひとつの生きた花とするなら、それはすべての表現にまして在るという重みをもつに決まっている。あえてそれを花を超える何かに変える——もどす——ことがたぶん、描くという行為なのだ。そのひそかな夢のためにこそ、私もまた手をこんなにノリだらけにしているのではないか。もし、もしも、ことばによって私の一瞬を枯れない花にすることができたら！

7　――ただし、（と　私はさめる。D）秋になったら……の発想を、はじめて少し理解する。）「私の」永遠は、たかだかあと三十年――歴史上、私のような古風な感性の絶滅するまでの短い期間――でよい。何故《なぜ》なら、（ああ何という不変の真理！）死なないものはいのちではないのだから。

8　私は百合を捨てなかった。それは造ったものの分までうしろめたく蒼ざめながら、今も死ねないまま、私の部屋に立っている。

まずは、**エッセイの趣旨を捉える**。エッセイは「**いのち**」**をもたない造花の百合**をテーマに書かれた文章である。また、**詩と共通するキーワードとして「不遜」（＝思い上がっていること）という語句に注目**する。

**解法のコツ⑦**　……全体的な「仕掛け」―キーワード……

造花の百合―「秋になったら（本物の百合は枯れるものなので、それと同じように造花も）捨てて頂戴ね」という友人の言葉

→生理まで似せるつもりの思い上がり。枯れないものは花ではないことを知りつつ枯れない花を造るのが、つくるということではないのか。「ひと夏の百合を超える永遠の百合」をめざす時のみ、つくるという、真似るという、不遜な行為は許される。

「いのち」を真似る、つくるということはそもそも「不遜」な行為であり、いつかは枯れる（なくなる）こと

を知りながらも、永遠に残るものを目指すべきであるというのが筆者の考えであることを押さえよう。だからこそ、「秋になったら捨てて」ほしいという友人の言葉に「びっくりし」たのである。

【趣旨】の把握

「つくる」ということは、いつかは失われることを知りつつ、一瞬を永遠のなかに定着する不遜な作業である。

以上を踏まえて、詩の部分読解問題を解いていく。

## 部分読解問題を解く　1

問２　傍線部Ａ「何百枚の紙に　書きしるす　不遜」とあるが、どうして「不遜」と言えるのか。エッセイの内容を踏まえて説明したものとして最も適当なものを、次の①～⑤のうちから一つ選べ。

① そもそも不可能なことであっても、表現という行為を繰り返すことで、あたかも実現が可能なように偽るから。

② はかなく移ろい終わりを迎えるほかないものを、表現という行為を介して、いつまでも残そうとたくらむから。

③ 心の中にわだかまることからも、表現という行為を幾度も重ねていけば、いずれは解放されると思い込むから。

④ 空想でしかあり得ないはずのものを、表現という行為を通じて、実体として捉えたかのように見せかけるから。

⑤ ×滅びるものの美しさに目を向けず、表現という行為にこだわることで、あくまで永遠の存在に価値を置くから。

詩と選択肢だけを見ていては正答を選べない。設問文に「エッセイの内容を踏まえて説明したものとして」とある点に注目し、**エッセイの趣旨に合致するものが正解であるという出題者からのメッセージ**をしっかり受け取めよう。

ここまで見てきたように、エッセイの趣旨は〈「つくる」ということも、**ことばで表現するということも、いつかは失われる一瞬を永遠のなかに定着する不遜な作業である**〉というものであった。よって、詩とエッセイの趣旨に合致するものは②である。

**解法のコツ⑤**　……全体的な「仕掛け」―出題者のメッセージ……

**【エッセイの趣旨】**
**「ことば」で表現すること＝いつかは失われる「一瞬」を「永遠」として定着させる作業**
**【詩の傍線部】**
**②＝はかなく移ろい終わりを迎えるほかないものを……いつまでも残そうとたくらむ**

他の選択肢は、エッセイの趣旨を踏まえていない。①は「不可能」⇕「可能」という関係として捉えている点が不適切。また、③の〈心の中のわだかまりを解放する〉という点については、エッセイ、詩ともに書かれていない内容である。④は、「空想」⇕「実体」としている点が趣旨に合わない。また、⑤は「滅びるものの美しさ」という点が不適切。「滅びるものの美しさ」については、詩・エッセイともに触れられていない。

## 例題２　黒井千次「庭の男」（令和４年度共通テスト本試験）

次の文章は、黒井千次《くろいせんじ》「庭の男」（一九九一年発表）の一節である。「私」は会社勤めを終え、自宅で過ごすことが多くなっている。隣家（大野家）の庭に息子のためのプレハブ小屋が建ち、そこに立てかけられた看板に描かれた男が、「私」の自宅のダイニングキッチン（キッチン）から見える。その存在が徐々に気になりはじめた「私」は、看板のことを妻に相談するなかで、自分が案山子《かかし》をどけてくれと頼んでいる雀《すずめ》のようだと感じていた。以下はそれに続く場面である。これを読んで、後の問い（問１～５）に答えよ。

立《たて》看板をなんとかするよう裏の家の息子に頼んでみたら、という妻の示唆を、私は大真面目で受け止めていたわけではなかった。落着《おちつ》いて考えてみれば、その理由を中学生かそこらの少年にどう説明すればよいのか見当もつかない。相手は看板を案山子などとは夢にも思っていないだろうから、雀の論理は通用すまい。ただあの時は、妻が私の側に立ってくれたことに救われ、気持ちが楽になっただけの話だった。いやそれ以上に、男と睨《にら》み合った時、なんだ、お前は案山子ではないか、と言ってやる僅かなゆとりが生れるほどの力にはなった。裏返されればそれまでだぞ、と窓の中から毒突くのは、一方的に見詰められるのみの関係に比べればまだましだったといえる。

しかし実際には、看板を裏返す手立てが摑《つか》めぬ限り、いくら毒突いても所詮空威張りに過ぎぬのは明らかである。そして裏の男は、私のそんな焦りを見透《みすか》したかのように、前にもまして帽子の広いつばの下の眼に暗い光を溜《た》め、こちらを凝視して止《や》まなかった。流しの窓の前に立たずとも、あの男が見ている、との感じは肌に伝わった。暑いのを我慢して南側の子供部屋で本を読んだりしていると、すぐ隣の居間に男の気配を覚えた。そうなると、本を伏せてわざわざダイニングキッチンまで出向き、あの男がいつもと同じ場所に立っているのを確かめるまで落着けなかった。

隣の家に電話をかけ、親に事情を話して看板をどうにかしてもらう、という手も考えた。少年の頭越しのそんな手段はフェアではないだろう、との意識も働いたし、その前に親を納得させる自信がない。もしも納得せぬまま、ただこちらとのいざこざを避けるために親が看板を除去してくれたとしても、相手の内にいかなる疑惑が芽生えるかは容易に想像がつく。あの家には頭のおかしな人間が住んでいる、そんな噂《うわさ》を立てられるのは恐ろしかった。

ある夕暮れ、それは妻が家に居る日だったが、日が沈んで外が少し涼しくなった頃、散歩に行くぞ、と裏の男に眼で告げて玄関を出た。家を離れて少し歩いた時、町会の掲示板のある角を曲って来る人影に気がついた。迷彩色のシャツをだらしなくジーパンの上に出し、俯《うつむ》きかげんに道の端をのろのろと近づいて来る。まだ育ち切らぬ柔らかな骨格と、無理に背伸びした身なりとのアンバランスな組合せがおかしかった。細い首に支えられた坊主頭がふと上り、またすぐに伏せられた。

A 隣の少年だ、と思うと同時に、私はほとんど無意識のように道の反対側に移って彼の前に立っていた。

「ちょっと」

声を掛けられた少年は怯《おび》えた表情で立ち止《どま》り、それが誰かわかると小さく頷《うなず》く仕種《しぐさ》で頭だけ下げ、私を避けて通り過ぎようとした。

「庭のプレハブは君の部屋だろう」

何か曖昧な母音を洩《も》らして彼は微《かす》かに頷いた。

「あそこに立てかけてあるのは、映画の看板かい」

細い眼が閉じられるほど細くなって、警戒の色が顔に浮かんだ。

「素敵な絵だけどさ、うちの台所の窓の真正面になるんだ。置いてあるだけなら、あのオジサンを横に移すか、裏返しにするか――」

そこまで言いかけると、相手は肩を聳《そび》やかす身振りで歩き出そうとした。

「待ってくれよ、頼んでいるんだから」

肩越しに振り返る相手の顔は無表情に近かった。

「もしもさ――」

追おうとした私を振り切って彼は急ぎもせずに離れて行く。

「ジジイ――」

吐き捨てるように彼の俯いたまま低く叫ぶ声がはっきり聞えた。少年の姿が大野家の石の門に吸い込まれるまで、私はそこに立ったまま見送っていた。

ひどく後味の悪い夕刻の出来事を、私は妻に知られたくなかった。少年から見れば我が身が碌《ろく》な勤め先も持たぬジジイであることに間違いはなかったろうが、一応は礼を尽《つく》して頼んでいるつもりだったのだから、中学生の餓鬼にそれを無視され、罵られたのは身に応えた。**B**身体の底を殴られたような厭《いや》な痛みを少しでも和らげるために、こちらの申し入れが理不尽なものであり、相手の反応は無理もなかったのだ、と考えてみようともした。謂《いわ》れもない内政干渉として彼が憤る気持ちもわからぬではなかった。しかしそれなら、彼は面を上げて私の申し入れを拒絶すればよかったのだ。所詮当方は雀の論理しか持ち合わせぬのだから、黙って引き下《さが》るしかないわけだ。その方が私もまだ救われたろう。

無視と捨台詞《すてぜりふ》にも似た罵言とは、彼が息子よりも遥《はる》かに歳《とし》若い少年だけに、やはり耐え難かった。

夜が更けてクーラーをつけた寝室に妻が引込んでしまった後も、私は一人居間のソファーに坐《すわ》り続けた。穏やかな鼾《いびき》が寝室の戸の隙間を洩《も》れて来るのを待ってから、大型の懐中電灯を手にしてダイニングキチンの窓に近づいた。もしや、という淡い期待を抱いて隣家の庭を窺《うかが》った。手前の木々の葉越しにプレハブ小屋の影がぼうと白く漂うだけで、庭は闇に包まれている。網戸に擦《こす》りつけるようにして懐中電灯の明《あか》りをともした。光の環《わ》の中に、きっと私を睨《にら》み返す男の顔が浮かんだ。闇に縁取られたその顔は肌に血の色さえ滲《にじ》ませ、昼間より一層生々しかった。

「馬鹿奴《め》」

呟《つぶや》く声が身体にこもった。暗闇に立つ男を罵っているのか、夕刻の少年に怒りをぶつけているのか、自らを嘲っているのか、自分でもわからなかった。懐中電灯を手にしたまま素早く玄関を出た。土地ぎりぎりに建てた家の壁と塀の間を身体を斜めにしてすり抜ける。建築法がどうなっているのか識《し》らないが、もう少し肥《ふと》れば通ることの叶《かな》わぬ僅かな隙間だった。ランニングシャツ一枚の肩や腕に(注)モルタルのざらつきが痛かった。

東隣との低い生垣《いけがき》に突き当《あた》り、檜葉《ひば》の間を強引に割ってそこを跨《また》ぎ越し、我が家のブロック塀の端を迂回《うかい》すると再び大野家との生垣を掻《か》き分けて裏の庭へと踏み込んだ。乾いた小さな音がして枝が折れたようだったが、気にかける余裕はなかった。

繁みの下の暗がりで一息つき、足許《あしもと》から先に懐中電灯の光をさっと這《は》わせてすぐ消した。右手の母屋も正面のプレハブ小屋も、明りは消えて闇に沈んでいる。身を屈《かが》めたまま手探りに進み、地面に雑然と置かれている小さなベンチや傘立てや三輪車をよけて目指す小屋の横に出た。

男は見上げる高さでそこに平たく立っていた。光を当てなくとも顔の輪郭は夜空の下にぼんやり認められた。そんなただの板と、窓から見える男が同一人物とは到底信じ難かった。これではあの餓鬼に私の言うことが通じなかったとしても無理はない。案山子にとまった雀はこんな気分がするだろうか、と動悸《どうき》を抑えつつも苦笑した。

しかし濡《ぬ》れたように滑らかな板の表面に触れた時、指先に厭な違和感が走った。それがベニヤ板でも紙でもなく、硬質のプラスチックに似た物体だったからだ。思わず懐中電灯をつけてみずにはいられなかった。果《はた》して断面は分厚い白色で、裏側に光を差し入れるとそこには金属の補強材が縦横に渡されている。人物の描かれた表面処理がいかなるものかまでは咄嗟《とっさ》に摑めなかったが、それが単純に紙を貼りつけただけの代物ではないらしい、との想像はついた。雨に打たれて果無《はかな》く消えるどころか、これは土に埋められても腐ることのないしたたかな男だったのだ。

それを横にずらすか、道に面した壁に向きを変えて立てかけることは出来ぬものか、と持ち上げようとした。相手は根が生えたかの如《ごと》く動かない。これだけの厚みと大きさがあれば体重もかなりのものになるのだろうか。力の入れやすい手がかりを探ろうとして看板の縁を辿《たど》った指が何かに当った。太い針金だった。看板の左端にあけた穴を通して、針金は小屋の樋《とい》としっかり結ばれている。同じような右側の針金の先は、壁に突き出たボルトの頭に巻きついていた。その細工が左右に三つずつ、六ヵ所にわたって施されているのを確かめると、最早《もはや》男を動かすことは諦めざるを得なかった。夕暮れの少年の細めた眼を思い出し、理由はわからぬものの、C あ奴《やつ》はあ奴でかなりの覚悟でことに臨んでいるのだ、と認めてやりたいような気分がよぎった。

（注）モルタル――セメントと砂を混ぜ、水で練り合わせたもの。タイルなどの接合や、外壁の塗装などに用いる。

## 戦略の決定

前書きから、「私」が隣家の庭に立てかけられた看板のことが気になっているという状況を知ることができるが、それ以外に「私」に関する背景事情が書かれているわけではない。また、問題文全体も「私」と看板、そして看板を作成した隣家の息子が関わる場面だけが描かれており、複雑な構成や大きな展開は見られない。

**着眼点**

**単一の場面が描かれているだけで、構成上の工夫・特色が見られない。**

あとで詳しく見るが、設問もそれぞれの時点での「私」の心情を問うものばかりである。

**着眼点**

**全体の把握を要する設問がない。**

このような問題では、第１章で見たように「傍線部分に関する箇所」に注目した**【戦略Ⅱ】**を使うのが有効である。部分的な読解を中心に問題を解いていき、その過程で全体の流れや大きな心情の変化を押さえていけばよい。

3つの戦略

## 戦略Ⅱ　文脈・前後関係から解く
（「部分」から「全体」へのアプローチ）

**1**
**傍線部分の表現をチェックする**

**2**
**【関連する部分】を追う**

（ⅰ）【指示語】
（ⅱ）【同一表現】・【類似表現】
（ⅲ）【対比表現】・【並列表現】
（ⅳ）【因果関係】　など

各設問の見きわめのポイントを抽出する

**3**
**部分説明問題を解く**
2で抽出したポイントを軸に選択肢を選り分ける。

**4**
**3を手がかりに全体把握問題（もしあれば）を解く**

部分説明問題では「選択肢をヨコに読む」ことが基本になるのは、評論でも小説でも同じである。傍線部分の表現や、関連する部分のチェックもしっかりと行いながら部分説明問題を解き、特に小説で頻出の心情把握問題については、傍線部分だけで絞り込めるとかなり効率がよいことを実感してみよう。

## 部分説明問題を解く　1

**問２**　傍線部**B**「身体の底を殴られたような厭な痛み」とはどのようなものか。その説明として最も適当なものを、次の①〜⑤のうちから一つ選べ。

① 頼みごとに耳を傾けてもらえないうえに、話しかけた際の気遣いも顧みられず一方的に暴言を浴びせられ、存在が根底から否定されたように感じたことによる、解消し難い不快感。

② 礼を尽くして頼んだにもかかわらず少年から非難され、自尊心が損なわれたことに加え、そのことを妻にも言えないほどの汚点だと捉えたことによる、深い孤独と屈辱感。

③ 分別のある大人として交渉にあたれば、説得できると見込んでいた歳若い相手から拒絶され、常識だと信じていたことや経験までもが否定されたように感じたことによる、抑え難いいら立ち。

④ へりくだった態度で接したために、少年を増長させてしまった一連の流れを思い返し、看板についての交渉が絶望的になったと感じたことによる、胸中をえぐられるような癒し難い無念さ。

⑤ 看板について悩む自分に、珍しく助言してくれた妻の言葉を真に受け、幼さの残る少年に対して一方的な干渉をしてしまった自分の態度に、理不尽さを感じたことによる強い失望と後悔。

心情把握の問題は、まず**傍線部分を要素分解する**ことが重要である。ここでは傍線部**B**を「**身体の底を殴られ**

**た」と「厭な痛み」に分解した上で、それぞれが本文のどこに対応しているかを確認していく。**「身体の底を殴られた」の対応箇所については「殴られた」という受け身の構造に、「厭な痛み」の対応箇所については言葉通りに「厭な」感じを表す語に注目して、傍線部分の近くを読んでみよう。

**解法のコツ⑨** ……関連部分の追い方―【同一・類似】……

**「身体の底を殴られた」＝「中学生の餓鬼にそれ（＝礼を尽くした頼み）を無視され、罵られた」（ℓ39〜40）**

**「厭な痛み」＝「ひどく後味の悪い」（ℓ38）**

このように対応を見つけることはそれほど難しいことではないだろう。次に各選択肢を見ていく。最後の部分に注目すれば、心情の軸が「厭な痛み」＝「ひどく後味の悪い」に対応した表現で説明されているのは、①の「解消し難い不快感」と④の「癒し難い無念さ」くらいしかない。その上で、**①は「頼みごとに耳を傾けてもらえない」が「無視され」に、「一方的に暴言を浴びせられ」が「罵られ」に相当していて、すべての要素が綺麗に揃っているので正解だと判断できる。**「厭な痛み」＝「ひどく後味の悪い」についてはやや判断基準が主観的でもあるため決め手に欠けると思うならば、「身体の底を殴られた」＝「無視され、罵られた」の方で判断しよう。②は「非難され」が「無視され」でも「罵られ」でもないので不適切。③は「拒絶され」はかろうじて「無視され」に対応していると読めても、「罵られ」に相当する部分がないため、両方が揃っている①に比べて明確に劣る。④と⑤はそもそも少年に対する受け身の構造がまったくないので迷わず消去できる。

たとえば、傍線部分のすぐ後の「謂れもない内政干渉として彼が憤る気持ちもわからぬではなかった」という時の「私」の心情もポイントのように見えるが、**ここで問われているのは、あくまでも傍線部Bの心情なのだから、惑わされることなく傍線部Bに含まれる要素の説明を最優先に考える**という、当たり前のことを徹底しよう。

## 部分説明問題を解く　2

**問3**　傍線部**C**「あ奴はあ奴でかなりの覚悟でことに臨んでいるのだ、と認めてやりたいような気分がよぎった」における「私」の心情の説明として最も適当なものを、次の①〜⑤のうちから一つ選べ。

① 夜中に隣家の庭に忍び込むには決意を必要としたため、看板を隣家の窓に向けて設置した少年も同様に決意をもって行動した可能性に思い至り、共感を覚えたことで、彼を見直したいような気持ちが心をかすめた。

② 隣家の迷惑を顧みることなく、看板を撤去し難いほど堅固に設置した少年の行動には、彼なりの強い思いが込められていた可能性があると気づき、陰ながら応援したいような新たな感情が心をかすめた。

③ 劣化しにくい素材で作られ、しっかり固定された看板を目の当たりにしたことで、少年が何らかの決意をもってそれを設置したことを認め、その心構えについては受け止めたいような思いが心をかすめた。

④ 迷惑な看板を設置したことについて、具体的な対応を求めるつもりだったが、撤去の難しさを確認したことで、この状況を受け入れてしまったほうが気が楽になるのではないかという思いが心をかすめた。

⑤ 看板の素材や設置方法を直接確認し、看板に対する少年の強い思いを想像したことで、彼の気持ちを無視して一方的に苦情を申し立てようとしたことを悔やみ、多少なら歩み寄ってもよいという考えが心をかすめた。

**問3**も**問2**と同じ傍線部分の説明問題であるから、まずは**傍線部Cを分解して「かなりの覚悟で」と「認めてやりたいような気分」の二つの要素に各選択肢が対応しているかどうかを確認したい**。ただし今回は、そのどちらについても本文の中に類似の表現が見られない。こういう場合は、傍線部分の表現そのものについて、各選択肢に対応した記述があるかを確認していくとよい。

**解法のコツ②** ……視点の移動―ある要素の有無……

**傍線部分にある「かなりの覚悟で」「認めてやりたいような気分」に相当する要素が各選択肢にあるかどうかを見きわめる。**

まずは各選択肢の最後の部分が、「認めてやりたいような気分」という心情の軸の説明になっているかを確認する。すると④は「この状況を受け入れてしまったほうが気が楽になるのではないか」と、別の角度からの受け止め方になっているので、まず除外することができる。一方、意味通りに言い換えたものとしては①の「彼を見直したい」と③の「心構えについては受け止めたい」が有力候補となる。なお、②の「陰ながら応援したい」と⑤の「多少なら歩み寄ってもよい」は「認めてやりたい」という気持ちと親和的な心情ではあるにせよ、やや離れている感が残る。△といったところだろう。

次に「かなりの覚悟で」に相当する箇所を各選択肢で探すと、①と③では「決意」という部分が、②・⑤では「強い思い」という部分が見つかる。ここでも「覚悟」の直接の言い換えという観点で考えると①・③に軍配が上がる。「強い思い」という言い方では、「強い悲しみ」「大きな喜び」というような、単に感情の程度が著しいだけの場合までを含んでしまい、必ずしも「覚悟」の説明に対応するとは限らない。

以上のように分析すると、**①・③はどちらの要素も意味を損ねず言い換えているが、②・⑤は明確な誤りとま**

**では言えないまでも、少しずれた言い換えをしているという風に評価できる。**このような場合に、わざわざリスクを冒して②・⑤を選ぶことはない。まず①か③だとアタリをつけて本文を参照し、何か明確な誤りが見つかれば、改めて②・⑤を検討する、という段取りがよいだろう。

さて、傍線部分自体の意味でここまで絞り込んだ後は、因果関係に注目してみよう。残った①と③を見ると、①「夜中に隣家の庭に忍び込むには決意を必要としたため」に対して③「劣化しにくい素材で作られ、しっかり固定された看板を目の当たりにしたことで」とあり、「私」の心情の原因にあたる部分の説明が異なっている。そこで、傍線部**C**の〈原因〉を探して本文を読むと、傍線部**C**の直前には、看板の材質や固定方法の描写ばかり書いてあることがわかる。「私」自身が「理由はわからぬものの」と言ってはいるものの、看板の材質や固定方法に気づいたことが心情のきっかけであることは間違いなかろう。

**解法のコツ⑪　……関連部分の追い方―【因果関係】……**

**「私」の心情変化のきっかけ＝看板の材質や固定方法**

このように考えれば、答えは③だとわかるだろう。ここでは、まず傍線部分の要素の有無を確認し、次に因果関係に注目する、という順番で思考したが、この順番は逆でも構わない。重要なのは、**〈今、自分がどういう観点から選択肢を吟味しているのか〉をしっかり自覚しつつ、〈選択肢をヨコに見ていく〉**という感覚である。

さて、傍線部分に注目して一気に選択肢を絞り込むという手法を、一見複雑そうな形式をしている**問５**にも適用してみよう。この問いの解き方はさまざま考えられるが、ここでは傍線部分をそのまま使いやすい(ii)から先に解く方法を紹介する。

**問5** Nさんは、二重傍線部分「案山子にとまった雀はこんな気分がするだろうか、と動悸を抑えつつも苦笑した。」について理解を深めようとした。まず、国語辞典で「案山子」を調べたところ季語であることがわかった。そこでさらに、歳時記（季語を分類して解説や例句をつけた書物）から「案山子」と「雀」が詠まれた俳句を探し、これらの内容を【ノート】に整理した。このことについて、後の(i)・(ii)の問いに答えよ。

**【ノート】**

●国語辞典にある「案山子」の意味

㋐竹や藁《わら》などで人の形を造り、田畑に立てて、鳥獣が寄るのをおどし防ぐもの。とりおどし。季語・秋。

㋑見かけばかりもっともらしくて、役に立たない人。

●歳時記に掲載されている案山子と雀の俳句

ⓐ「案山子立つれば群雀空にしづまらず」（飯田蛇笏《だこつ》）

ⓑ「稲雀追ふ力なき案山子かな」（高浜年尾）

ⓒ「某《それがし》は案山子にて候《そうろう》雀殿」（夏目漱石）

●解釈のメモ

ⓐ遠くにいる案山子に脅かされて雀が群れ騒ぐ風景。

ⓑ雀を追い払えない案山子の様子。

ⓒ案山子が雀に対して虚勢を張っているように見える様子。

●「案山子」と「雀」の関係に注目し、看板に対する「私」の認識を捉えるための観点。

・看板を家の窓から見ていた時の「私」→ X

・看板に近づいた時の「私」→ Y

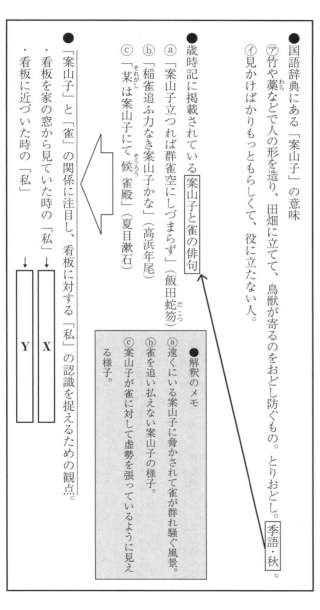

ここでは、傍線部分と照らし合わせるというオーソドックスな方法を使えそうな(ii)から見ていこう。

## 部分説明問題を解く　3

(ii)　【ノート】を踏まえて「私」の看板に対する認識の変化や心情について説明したものとして、最も適当なものを、次の①～⑤のうちから一つ選べ。

① はじめ「私」は、ⓒ「某は案山子にて候雀殿」の虚勢を張る「案山子」のような看板に近づけず、家のなかから眺めているだけの状態であった。しかし、そばまで近づいたことで、看板は㋑「見かけばかりもっともらし」いものであることに気づき、これまで「ただの板」にこだわり続けていたことに対して大人げなさを感じている。

② はじめ「私」は、ⓑ「稲雀追ふ力なき案山子かな」の「案山子」のように看板は自分に危害を加えるようなものではないと理解していた。しかし、意を決して裏の庭に忍び込んだことで、看板の㋐「おどし防ぐもの」としての効果を実感し、雀の立場として「ただの板」に苦しんでいる自分に気恥ずかしさを感じている。

③ はじめ「私」は、自分を監視している存在として看板を捉え、㋐「おどし防ぐもの」と対面するような落ち着かない状態であった。しかし、おそるおそる近づいてみたことで、ⓒ「某は案山子にて候雀殿」のように看板の正体を明確に認識し、「ただの板」に対する怖さを克服しえた自分に自信をもつことができたと感じている。

④ はじめ「私」は、㋐「とりおどし」のような脅すものとして看板をとらえ、その存在の不気味さを感じている状態であった。しかし、暗闇に紛れて近づいたことにより、実際にはⓑ「稲雀追ふ力なき案山子かな」のような存在であることを発見し、「ただの板」である看板に心を乱されていた自分に哀れみを感じている。

⑤　はじめ「私」は、常に自分を見つめる看板に対して ⓐ「群雀空にしづまらず」の「雀」のような心穏やかでない状態であった。しかし、そばに近づいてみたことにより、看板は ㋑「見かけばかりもっともらし」いものであって恐れるに足りないとわかり、「ただの板」に対して悩んできた自分に滑稽さを感じている。

---

**【ノート】**には、「案山子」や「雀」について国語辞典や歳時記から得られる情報が多く盛り込まれているが、**惑わされずに設問意図に焦点を絞ろう。あくまで問われているのは、二重傍線部分「案山子にとまった雀はこんな気分がするだろうか、と動悸を抑えつつも苦笑した。」についての理解である**。この部分における「私」の心情について問われているのだから、**問2**、**問3**と同様に、まずは心情の軸を確認することから始めよう。言うまでもなく二重傍線部分の心情の軸は「苦笑した」であるから、各選択肢の最後の部分が「苦笑」を表す心情となっているかどうかを確認すると、③「自分に自信をもつことができた」と④「自分に哀れみを感じている」は不適切だといえる。残る①「大人げなさ」、②「気恥ずかしさ」、⑤「滑稽さ」はいずれも「苦笑」に対応する心情ではあるので、これだけでは絞り込めない。

そこで、「案山子にとまった雀はこんな気分がするだろうか」という比喩の理解に移ろう。**案山子や雀については、本文よりも前書きの方が説明がわかりやすい**。自宅から見える看板を気にしている「私」が「案山子をどけてくれと頼んでいる雀のようだ」とある。つまり、もともとは「私」にとって看板は気になるのでどけたい存在だったということがわかる。その看板について、近くから見上げている二重傍線部分の場面では、「そんなただの板と、窓から見える男が同一人物とは到底信じ難かった」（ℓ61〜62）と書かれている。つまり、**家の窓から見ていた看板と、近くで見た看板との間には大きな印象の差があるということが読み取れる**。「私」の心情がはっきり説明されているわけではないが、こうした構造の理解をしておけば、問題を解くには十分に役立つ。

**解法のコツ⑫**　……関連部分の追い方―【比喩】……

家の窓から看板を見ている時＝案山子をどけてくれと頼んでいる雀のようだ
⇔（対比）
近くから看板を見上げている時＝案山子にとまった雀はこんな気分がするだろうか

この印象の変化を押さえていれば、選択肢がすべて「はじめ～た。しかし、…」という構造になっていることの理由にも合点がいくだろう。つまり、「はじめ～た」の部分が「**案山子をどけてくれと頼んでいる雀の**」**気持ちで**、「しかし、…」**の部分が**「**案山子にとまった雀**」**の気分ということ**である。なお、国語辞典にある「案山子」の意味や、案山子と雀の俳句が引用されているが、同時にその解釈も示されているので【ノート】の内容を見返す必要はないといってよい。後半の「案山子にとまった雀」の気分については、具体的にどのような気分なのかすぐには判断し難いが、「案山子をどけてくれと頼んでいる」の方はわかりやすく、少なくとも**案山子のことを不快に思っている**ということが読み取れる。そのように案山子をうとましく思う心情があるか選択肢を確認すると、⑤の「『雀』のような心穏やかでない状態」がぴったりだとわかるだろう。②の「看板は自分に危害を加えるようなものではない」は正反対に近いし、①は「看板に近づけず」だけを読めばそれらしいが、「虚勢を張る『案山子』」というのがおかしい。「虚勢を張る」とは「強がる」「自分を偽って大きく見せる」というような意味であるが、看板が「私」に対してそのようなものとして立ち現れていたという記述は見当たらない。よって答えは⑤である。

このようにして、(ii)を解きながら二重傍線部分の「私」の心情をある程度整理すれば、(i)の答えもスムーズに導き出される。

## 部分説明問題を解く 4

(i) Nさんは、「私」が看板を家の窓から見ていた時と近づいた時にわけたうえで、国語辞典や歳時記の内容と関連づけながら【ノート】の傍線部について考えようとした。空欄 X と Y に入る内容の組合せとして最も適当なものを、後の①～④のうちから一つ選べ。

(ア) X ——歳時記の句ⓐでは案山子の存在に雀がざわめいている様子であり、国語辞典の説明㋐にある「おどし防ぐ」存在となっていることに注目する。

(イ) X ——歳時記の句ⓒでは案山子が虚勢を張っているように見え、国語辞典の説明㋑にある「見かけばかりもっともらしし」い存在となっていることに注目する。

(ウ) Y ——歳時記の句ⓑでは案山子が実際には雀を追い払うことができず、国語辞典の説明㋑にある「見かけばかりもっともらし」い存在となっていることに注目する。

(エ) Y ——歳時記の句ⓒでは案山子が雀に対して自ら名乗ってみせるだけで、国語辞典の説明㋐にある「おどし防ぐ」存在となっていることに注目する。

① X—(ア)　Y—(ウ)
② X—(ア)　Y—(エ)
③ X—(イ)　Y—(ウ)
④ X—(イ)　Y—(エ)

(ii)の正答として絞り込んだ⑤に照らせば、(i)は①が正しいと判断できる。(ii)も、各選択肢が「看板を家の窓から見ていた時」と「看板に近づいた時」の「私」の心情を明らかにする構造であるから、その「違い」を X

と［Y］に当てはめるだけでよい。

なお、ここでは先に(ii)の解答を決めてしまってから(i)を解いたが、もちろん(i)を先に解いて、それを参考に(ii)の選択肢を絞り込んでもよいし、(ii)の絞り込みをする過程で(i)を並行して考えてもよい。たとえば、(ii)で①を選ぶとしよう。すると、家の窓から見ていた時の看板を歳時記の句ⓒのように捉えていたという解釈をとることになる。したがって、(i)の［X］には(イ)を入れることになるが、そうすると、その時から「私」は案山子を「見かけばかりもっともらし」い存在と考えていたということになってしまう。しかし、(ii)の①では、「そばまで近づいたことで、看板は(イ)『見かけばかりもっともらし』いものであることに気づき」とされていて矛盾することになる。したがって①は誤りだ……というような判断もできる。共通テストでは最後の問題で、**本文とは異なる資料を合わせて読ませる形式のものが多いが、形式に惑わされずに問題の本質を見抜き、資料のさまざまな記述はむしろヒントだと思って活用する姿勢をもちたい**。

さて、これまで部分説明問題に対して、傍線部分を要素分解し、各要素に対応した記述がなされているかどうかという観点から選択肢を絞り込んでいく手法を用いて対応してきた。選択肢のそれぞれについて、本文中の表現と逐一照らし合わせて正誤を判断する、いわゆる消去法的な手法をほとんど用いなかったのだが、これには理由がある。**共通テストには、消去法では決して解けない類の問題が出題されている**からである。

## 部分説明問題を解く　5

**問1**　傍線部**A**「隣の少年だ、と思うと同時に、私はほとんど無意識のように道の反対側に移って彼の前に立っていた」とあるが、「私」をそのような行動に駆り立てた要因はどのようなことか。その説明として適当なものを、次の①〜⑥のうちから**二つ**選べ。ただし、解答の順序は問わない。

① 親が看板を取り除いたとしても、少年にどんな疑惑が芽生えるか想像し恐ろしく思っていたこと。（↓ℓ14〜15）

② 少年を差し置いて親に連絡するような手段は、フェアではないだろうと考えていたこと。（↓ℓ12〜13）

③ 男と睨み合ったとき、お前は案山子ではないかと言ってやるだけの余裕が生まれていたこと。（↓ℓ4〜5）

④ 男の視線を感じると、男がいつもの場所に立っているのを確かめるまで安心できなかったこと。（↓ℓ10〜11）

⑤ 少年の発育途上の幼い骨格と、無理に背伸びした身なりとの不均衡をいぶかしく感じていたこと。（↓ℓ18〜19）

⑥ 少年を説得する方法を思いつけないにもかかわらず、看板をどうにかしてほしいと願っていたこと。（↓ℓ1）

この設問を初めて解いた人の中には、一体どうやって解けばよいのかわからず途方に暮れた人もいるのではないか。というのも、この設問の①〜⑥の選択肢は、すべて本文に記述されている内容だからである（それぞれ対応する行数を示しておいたので確認されたい）。したがって、**「この内容は本文に書いていないから／本文の記述と矛盾**

**するから」といった理由で選択肢を消去していくということができない。**ではどうするのか。これまでと同様に、**設問をよく読み、そこで求められていることをつかんだ上で、その要素の有無について判断していく**のである。

**解法のコツ⑤**　……全体的な「仕掛け」――出題者のメッセージ……

**傍線部分の行動に「私」を駆り立てた〈要因〉にあたるものを選び出す。**

今回問われているのは、道の反対側に移って少年の前に立つという行動に「私」を駆り立てた要因とは何か、である。つまり、「思わず少年に近づきたくなる」ような「私」の思いや考えを選ばなければならない。このように設問の趣旨を理解した上で、それぞれの選択肢を吟味していこう。

まず①は、「親」という自分でも少年でもない人間の行動及びその結果を心配して、少年に近づくという行動が誘発されるという因果関係は成立しないので不適切といえる。②は「少年を差し置いて親に連絡するような手段は、フェアではない」を裏返せば、「フェアな行為とは、少年と直接やり取りすることだ」と考えられるので正答として選べそうだ。次に③と④は、①と同様の点から除外できる。「私」が「少年」に近づく原因を答えるのだから、それは何かしら「少年」に関わる内容であるはずなのに、どちらも「男」（＝看板）についてしか触れられていない。⑤はたしかに「少年」に関する内容であるが、骨格と身なりが不均衡であることがいぶかしいからといって、そのことについて問いただしたくて少年に近づいたのではないことは容易にわかるだろう。一方、⑥は妥当だろう。少年に看板をどうにかしてほしいという気持ちがあれば、少年に近づいてしまうのはごく当然である。よって、答えは②と⑥である。このように、**問いの趣旨や傍線部分の意味・構造を的確に理解した上で正誤を見きわめなければならない問題にもしっかり対応できるようにしたい。部分説明問題であっても、単**

**純に本文の記載に照らす消去法に頼らずに解く心構えをもとう。**

最後に**問4**を解いていこう。この問題は少年や看板の絵に対する表現について問われており、一見すると、表現の特徴や効果について考えることが求められているようである。もちろんそれについて考えることも重要なのだが、表現の効果を客観的に判断するのは実はかなり難しい。ここでも**設問を最後まで読んで、何を問われているのかをしっかりと確認してもらいたい**。すると、(i)も(ii)も、結局は「私」の心情の説明を求められていることがわかる。したがって、ここでは**「裏の家の息子」「あの餓鬼」「素敵な絵」「あのオジサン」といった細かい表現の違いに着目するのではなく、「私」の少年や絵に対する心情として適切なものから選んでいく**という方法をとってみよう。

**解法のコツ⑥**　……全体的な「仕掛け」―問題の「仕掛け」……

**少年や看板の絵をめぐる「私」の心情が問いの焦点と捉える。**

**問4**を単なる心情説明問題と考えても、難点はもう一つある。これまでに解いてきた設問はすべて傍線部分に関する問題であったため、選択肢を絞り込む際にどの要素に注目すべきかが明確であった。ところが**問4**では傍線部分が与えられず、文章全体を範囲として、それぞれ少年と看板の絵に対する心情を問われているため、注目すべき要素が決めにくい。ここで、**【戦略Ⅱ】**の真価が発揮される。ここまで解いてきた部分説明問題の正答を利用して、文章全体を通しての「私」の少年や看板に対する心情をまとめるのである。

【少年に対する心情】
・最初は礼を尽くして頼んでいるつもりだったが、少年に無視され罵られたことで、解消し難い不快感を覚えた。（問２）

↓

・看板の堅固な素材や固定方法を見て、少年の何らかの決意を感じ、心構えを認めてやろうと感じた。（問３）

【看板に対する心情（問５）】
・家の窓から見ている時は「案山子をどけてくれと頼んでいる雀」のように心穏やかではなかった。

↓

・近くから見上げると、見かけ倒しで恐れるに足りないものだったとわかり「案山子にとまった雀」の気分になった。

これを利用して(i)を解いてみよう。

## 全体把握問題を解く　1

(i)　隣家の少年を示す表現に表れる「私」の心情の説明として最も適当なものを、次の①～⑤のうちから一つ選べ。

① 当初はあくまで他人として「裏の家の息子」と捉えているが、実際に遭遇した少年に未熟さを認めたのちには、「息子よりも遥かに歳若い少年」と表して我が子に向けるような親しみを抱いている。

② 看板への対応を依頼する少年に礼を尽くそうとして「君」と声をかけたが、無礼な言葉と態度を向けられたことで感情的になり、「中学生の餓鬼」「あの餓鬼」と称して怒りを抑えられなくなっている。

③ 看板撤去の交渉をする相手として、少年とのやりとりの最中はつねに「君」と呼んで尊重する様子を見せる一方で、少年の外見や言動に対して内心では「中学生の餓鬼」「あの餓鬼」と侮っている。

④ 交渉をうまく進めるために「君」と声をかけたが、直接の接触によって我が身の老いを強く意識させられたことで、「中学生の餓鬼」「息子よりも遥かに歳若い少年」と称して彼の若さをうらやんでいる。

⑤ 当初は親の方を意識して「裏の家の息子」と表していたが、実際に遭遇したのちには少年を強く意識し、「中学生の餓鬼」「息子よりも遥かに歳若い少年」と彼の年頃を外見から判断しようとしている。

少年に対する心情は前半と後半とで変化しているが、①のような強い親しみはまったく見られないため、これはすぐに除外できる。③や⑤では「少年の外見」に対する言及があるが、**問2**でも**問3**でも一切考慮しなかった要素なので、さしあたり候補から外してよいだろう。④の「彼の若さをうらやんでいる」についても同様である。これに対して②は、「礼を尽くそうとして『君』と声をかけたが、無礼な言葉と態度を向けられたことで感情的になり」という部分は、**問2**の解答とほぼ一致する構造であり「私」の少年に対する前半の心情を正確に反映しているといえる。「怒りを抑えられなくなっている」は少し言い過ぎの感もあるが、「中学生の餓鬼」「あの餓鬼」という乱暴な言葉遣いに強い怒りが反映されていると見るのは無理のない解釈といえるし、本文51～52行目にも「夕刻の少年に怒りをぶつけているのか～わからなかった」とあることから、少年に対する怒りが夕刻の出来事以来生じているのは間違いない。したがって素直に②を正答とすればよいだろう。

つづいて(ii)について考えよう。

## 全体把握問題を解く　2

(ii)　看板の絵に対する表現から読み取れる、「私」の様子や心情の説明として最も適当なものを、次の①～④のうちから一つ選べ。

①「私」は看板を「裏の男」と人間のように意識しているが、少年の前では「映画の看板」と呼び、自分の意識が露呈しないように工夫する。しかし少年が警戒すると、「素敵な絵」とたたえて配慮を示した直後に「あのオジサン」と無遠慮に呼んでおり、余裕をなくして表現の一貫性を失った様子が読み取れる。

②「私」は看板について「あの男」「案山子」と比喩的に語っているが、少年の前では「素敵な絵」と大げさにたたえており、さらに、少年が憧れているらしい映画俳優への敬意を全面的に示すように「あのオジサン」と呼んでいる。少年との交渉をうまく運ぼうとして、プライドを捨てて卑屈に振るまう様子が読み取れる。

③「私」は妻の前では看板を「案山子」と呼び、単なる物として軽視しているが、少年の前では「素敵な絵」とたたえ、さらに「あのオジサン」と親しみを込めて呼んでいる。しかし、少年から拒絶の態度を示されると、「看板の絵」「横に移す」「裏返しにする」と物扱いしており、態度を都合よく変えている様子が読み取れる。

④「私」は看板を「裏の男」「あの男」と人間に見立てているが、×少年の前でとっさに「映画の看板」「素敵な絵」と表してしまったため、親しみを込めながら「あのオジサン」と呼び直している。突然訪れた少年との直接交渉の機会に動揺し、看板の絵を表する言葉を見失い慌てふためいている様子が読み取れる。

---

選択肢が４つしかないぶん、長文でかつ紛らわしいものとなっており、なかなか苦労させられる。先ほどの(i)のように、**問５**の正答とほとんど同じ構造の選択肢もないため、丁寧に吟味することが必要である。まずこの設問の**選択肢はすべて「私」が少年に話しかけている場面について説明したものであるから、その時点での「私」の心情をきちんと確認しておこう**。「私」は自分を心穏やかでない状態にする「案山子」のような看板に悩まされており、それを撤去してもらえないかと礼を尽くして少年に交渉している。これを押さえて選択肢を読むと、②は「プライドを捨てて卑屈に振るまう」がおかしい。あくまで「礼を尽くして」いるだけであって、卑屈な態度をとっているわけではない。また、もともと「私」が看板の映画俳優に敬意を抱いているわけでもないから、「映画俳優への敬意を全面的に示すように」というのもおかしい。③は「妻の前では看板を『案山子』と呼び、単なる物として軽視している」がおかしい。「単なる物」と軽視しているのであれば、そもそも少年に看板の撤去を求めて交渉するようなことはないだろうし、前書きからわかるように、他ならぬ妻に対して看板のことを相談しているのである。

ここまでは順調に切れるのだが、①と④についてはどちらも「私」の心情についての明確な誤りが見られず、判断に困る。このように**手詰まりを感じた時は、【戦略Ⅲ】的な発想をもって、選択肢同士を比較すると手がかりが得やすい**。①と④を見ると、どちらも「映画の看板」「素敵な絵」「あのオジサン」という看板に対する表現について注目していることがわかる。そこで、これらの表現がどのように使われているかを本文から確認してみよう。

**解法のコツ⑩**　……関連部分の追い方―【対比・並列】……

「あそこに立てかけてあるのは、映画の看板かい」と少年に声をかける
↓　少年の顔に警戒の色が浮かぶ
「素敵な絵だけどさ、～あのオジサンを…」と言う

注意して読むと、「映画の看板」という表現と「素敵な絵」「あのオジサン」という表現の間に、**少年が警戒の色を顔に浮かべたという描写が挟まっている**のがわかる。看板の呼び方に、少年に対する「私」の思いが反映されているとする**問４**の趣旨からすると、**少年に警戒されたことが原因で、看板の呼び方を「私」が変更した**、と捉えることは十分にありそうな解釈である。そこで、そうした観点から選択肢を見ると、①はまさに「少年の前では『映画の看板』と呼び、……。しかし少年が警戒すると、『素敵な絵』……『あのオジサン』と……」という本文と同様の構造になっている一方で、④は「少年の前でとっさに『映画の看板』『素敵な絵』と表してしまったため、……『あのオジサン』と呼び直している」としており、少年の警戒について触れていない上に、「映画の看板」と「素敵な絵」をひとくくりにしてしまっている。こうした違いに注目できれば、本文の構造を忠実に反映した①の方が、正答としては無難だと結論づけられるのではないか。ここでも重要なのは、**表現の効果について自分の印象だけでやみくもに選択肢を絞り込むのではなく、できるだけ客観的に判断できるような基準に落とし込んでいく**という考えである。

黒井千次「庭の男」

## 例題３　山田詠美「眠れる分度器」

次の文章は、山田詠美《えいみ》の小説「眠れる分度器」の一節である。主人公の時田秀美は転校してきて一か月になる。秀美は、子供を親の価値観でしばりつけたくないと考える母親のもとに育った。彼はいつも自分の感じたままに行動してしまうため、教室全体の協調性を重んじる担任の奥村の気持ちをことごとく逆なでしてしまうし、クラスの子供たちとも親しくなれないでいる。そんなある日、教室で、奥村から「このままだと不良になってしまうぞ」と言われて、秀美は立ち上がって反発する。本文はそれに続く場面である。これを読んで、後の問い（問１～６）に答えよ。

他の子供たちは、強烈な事件の成り行きを固唾《かたず》を呑《の》んで見守っていた。子供が教師に逆らうというのを彼らは、初めて、目撃したのだった。彼らにとって、教師は、自分たちの上に君臨する脅威に等しかった。彼らは、教師を漠然と恐れていた。その恐れを少なく感じさせる教師程、彼らの好意をものにすることが出来たが、その分、威厳は失われた。恐れるということは、従うということだった。彼らは、従うことが、どれ程、学校での生活を快適にするかという知恵を身につけていた。両親の口振り、特に母親のそれは、教師の領域を犯してはいけないのを、子供たちに常に悟らせているのだった。そこに、「尊厳に値するもの」というラベルの扱い方を、上手《うま》い具合に、組み込んでいた。そのラベルを剝《は》がすのが、自分に困難をもたらすことに等しいと、本能的に悟っていた。

親しみ深い教師は、何人も存在していた。彼らを見つけ出すたびに、そっと、子供たちは、ラベルを剝がしてみる。そのことが、教師を喜ばせ、休息を伴った自らの地位の向上に役立つのを知っていたからだ。しかし、糊《のり》は、いつも乾かさないように注意している。生《なま》あたたかい唾《つば》を広げて、不都合を察知すると、すぐに、休息を封印する。

教師に忌み嫌われる子供は、その方法を、知らないのだった。習得してしまえば、これ程便利なものの存在に気付いていないのだった。鈍感さのために。あるいは、知ろうとしない依怙地《いこじ》さのために。

A　賢い子供たちは、前者を見下し、後者を排斥する。すると、不思議な優越感に身を浸すことが出来る。優越感は、連帯意識を育て、いっそう強固になって行く。そうなると、もう、それを捨てることが出来なくなる。恐《こわ》いのだ。教師に対して持つ脅威よりも、はるかに、連帯から、はじき出されることに対する脅威の方が大きいのだ。

子供たちは、とうに、秀美を排斥しつつあったが、このような事件に遭遇すると、混乱して言葉を失ってしまうのだった。秀美が何の役にも立たない勇気を意味なく誇示しているように思われた。そこまでして、彼が、何を証明したいのかを理解するには、子供は子供であり過ぎる。そして、彼を理解しようと試みるには、子供は、あまりにも大人のやり方を学び過ぎていた。

他の子供と自分は違う。この事実に、秀美は、とうに気付いていた。自分の物言いや態度が、他人を苛立《いらだ》たせるのも知っていた。そのことで、彼は、たびたび孤独を味わっていたが、自分には、常に支えてくれる母親と祖父が存在しているという安心感が、それを打ち消していた。打ち消して、それでも、まだ溢《あふ》れてくる力強さを、保護者の二人から感じていた。そう思うと、学校での出来事など、取るに足りないことのようにすら思えてくる。彼は、自分の帰る場所に存在している大人たちから、自分の困難が、成長と共に減って行くであろうことを予測していた。それは、時間の流れに沿って泳いで行けば、たちまち、同種の人間たちに出会うだろうという確信に近いものをもたらした。

過去は、どんな内容にせよ、笑うことが出来るものよ。母親は、いつも、そう言って、秀美を落ち着かせた。自分の現在は、常に未来のためのものだ。彼は、そう思った。そして、ある堤防まで辿《たど》り着いた時に、現在は、現在のためにだけ存在するようになるのを予感した。堤防を越えようとする時、その汗のしたたりは、現在進行形になる筈《はず》だ。それまでは、どのような困難も甘受するのが、子供の義務だと、彼は思った。くだらない教師に出会うのは身の不運、素晴らしい教師に出会うのは、素晴らしい贈り物。彼は、そう自分に言いきかせる。すると、必ず、心の内に、前の小学校の白井教頭の顔が浮かぶのだった。

秀美は、祖父の次に白井教頭を愛していた。彼は、子供たちに、自分を見くびらせるという高等技術をもって接していた。けれど、誰《だれ》も、本心から白井を見くびる者はいなかった。見くびらせて子供と親しくなろうという魂胆を持った教師は、少なくなかったが、子供たちは、うわべのたくらみは、すぐに見抜いた。好かれようと子供に媚《こび》を売るのではなく、子供たちと同じ視線でものを見てみたいという、純粋な欲望から、彼は自らを気やすい者に仕立てていたのだった。そして、その姿勢は、好ましいものに、子供たちの目には映った。子供たちの世界で、やはり、嘘《うそ》は罪であり続けるのだった。

秀美と数人の仲間は、休み時間や放課後、用もないのに、校長室の前をうろついた。そこに、白井教頭がいることが多いからだった。運良く、校長が不在の時、彼らは、中に入り、白井と話をすることが出来た。

秀美は、彼に、こんな質問をしたことがある。

「生きてるのと、死んでるのって、どう違うんですか？」

白井は、笑って、秀美を見詰めた。秀美の連れていた他の子供たちも、興味《きょうみ》津々《しんしん》という表情を浮かべて彼の答えを待っていた。

「先生は死んだことないから、正確なことは解《わか》らんが、考えてみることは出来るぞ。きみたちは、どう違うと思う？」

子供たちは、口々に、叫んだ。

「心臓が止まっちゃうこと！」

「お墓が自分の家になること！」

「息が止まること！」

「えーと、えーと、天国の住人になること！」

「ばーか、おまえなんか、地獄に行くんだい」

「冷たくなって、動かなくなること！」

「食べ物を食べなくてもすむこと。ピーマンを食べなくてすむんだ」

「お墓にピーマンを入れてやるよ」

「うるせえ」

まあまあ、と言うように、白井は、子供たちを制した。

「なかなか、当たってるかもしれないぞ。でもな、心臓が止まっても、呼吸が止まっても、お医者さんは、死んだと認めないこともあるんだぞ。それだけでは、生き返る場合もある」

白井の言葉に衝撃を受けて、子供たちは、顔を見合わせていた。信じられなかった。どうやら、死ぬのには、色々な条件があるらしい、と悟ったのは、この時が初めてだった。

「先生は、どう思うんですか?」

秀美は、もどかしそうに尋ねた。すると、C 微笑を浮かべて、白井は、自分のワイシャツの袖《そで》をまくり上げて、腕を出した。

「先生の腕を嚙《か》んでみる勇気のある奴《やつ》はいるか?」

意外な質問に、子供たちは、驚いて言葉を失っていた。

「ぼく、やります!」

秀美は、呆気《あっけ》に取られる仲間たちを尻目《しりめ》に、いきなり、白井の腕に嚙みついた。

「もっと、もっと、手加減しないでいいぞ。なんだ、時田、おまえの歯は入れ歯か? ちっとも、痛くないぞ」

秀美は、むきになって、上顎《うわあご》に力を入れた。白井は、さすがに、苦痛を感じたらしく、顔を歪《ゆが》めた。

「いてて、降参、降参、すごいりっぱな歯だな、時田のは」

白井は、ゆっくりと、力を抜いた秀美の口を、腕から外した。そこには、歯の跡がくっきりと付き、血が滲《にじ》んでいた。

「わあ、血が出てる」

誰かが呟《つぶや》いた。秀美は、自分の唇を指で拭《ぬぐ》った。口の中が生あたたかく、錆《さ》びたような味が漂っていた。

「どうだ、時田、先生の血は?」

「あったかくって、ぬるぬるします。変な味がする」

「それが、生きているってことだよ」

白井の言わんとすることを計りかねて、子供たちは顔を見合わせた。秀美は、軽い吐き気をこらえながら、白井の次の言葉を待った。

「生きてる人間の血には、味がある。おまけに、あったかい」

「じゃ、死ぬと味がなくなっちゃうんですか?」

「そうだよ。冷たくて、味のないのが死んだ人の血だ」

　へえっと、驚きの声が上がった。

「だからな、死にたくなければ、冷たくって味のない奴になるな。いつも、生きてる血を体の中に流しておけ」

「どうやったら、いいんですか?」

「そんなのは知らん。自分で考えろ。先生の専門は、社会科だからな。あんまり困らせるな。それから、時田、このことも覚えとけ。あったかい血はいいけど、温度を上げ過ぎると、血が沸騰して、血管が破裂しちゃうんだぞ」

　秀美は、曖昧《あいまい》に頷《うなず》いた。彼は、舌に残る血の味を何度も反芻《はんすう》していた。味のある血。この言葉を、もしかしたら、自分は、生涯、忘れることはないのではないか。そんな予感が胸をかすめた。吐き気は、もう、とうに治まっていた。それどころか、**D**喉《のど》に移行する不思議なあたたかさを、いとおしくさえ思っていた。


（センター試験出題）

## 戦略の決定

構成も文脈も読み取りにくい問題、というのはこの出題などが例である。本文と照らし合わせて正解を導くのが容易ではない問いが含まれていることもある。「この部分の記述から正解を導くのは無理がある」という意見があがった問題でもあった。

「前書き」を見ると、この文章について、主人公の「秀美」が「担任の奥村」から「このままだと不良になってしまうぞ」と言われた後の場面であると述べられているだけであり、それに続く「どういう場面か」は述べられていない。また、後で詳しく見るが、たとえば「前者」「後者」という二つの指示語から**問2**の各選択肢を見きわめていこうとしても、「前者」＝「鈍感さ」・「後者」＝「依怙地さ」に相当する内容がそれぞれの選択肢の中に直接には求めにくい。

着眼点

**全体の場面設定がはっきりしていない→【戦略Ⅰ】は使いにくい。**
**「関連する部分」を見きわめのポイントにするのは難しい→【戦略Ⅱ】も使いにくい。**

ここまでに挙げた二つの**【戦略】**でこの問題に対処していくことは難しい。

このような時は、第1章の**例題3**と同じように、**まずは選択肢群を見て、そこから見きわめのポイントを抽出する【戦略Ⅲ】**で取り組んでみよう。

3つの戦略

# 戦略Ⅲ　設問・選択肢から解く

（構成も文脈も見えにくい場合の「奥の手」）

**1　各設問の選択肢群を見比べ、【見きわめのポイント】を抽出**

共通する文言……読解のヒント

相違する文言……見きわめのポイント

（ある キーワード の有無）

（ある事柄についての 捉え方の差）

→

**2　部分説明問題を解く**

1で抽出した見きわめのポイントにどれが一番近いか。

→

**3　2を手がかりに全体把握問題を解く**

**解法のコツ①** ……攻め方の方向性―【戦略Ⅲ】……

**選択肢（異同の抽出）→設問・問題文・資料（部分説明）→設問（全体把握）の順で攻める。**

## 部分説明問題を解く　1

実際にやってみよう。まずは**問2**から。

**問2**　傍線部**A**「賢い子供たちは、前者を見下し、後者を排斥する」とあるが、それはどういうことか。その説明として最も適当なものを、次の①〜⑤のうちから一つ選べ。

① 教師を喜ばせるための秘訣《ひけつ》を知っている子供たちは、クラス内で自分の地位を向上させようとしない子供を見下し、教師の言うことを聞かない意地っ張りな子供を排斥するということ。

② クラス内で安定した地位を占めることができた子供たちは、自分たちに媚《こ》びる子供を見下し、頑《かたくな》に自分たちに反抗する態度をとり続ける子供を排斥するということ。

③ 自分が教師よりも利口だと思っている子供たちは、無神経に教師の領域を犯してしまう子供を見下し、いつまでも子供らしいままでいようとする人間を排斥するということ。

④ 学校での生活を快適にするための術《すべ》を心得ている子供たちは、表立って教師に逆らうような子供を見下し、クラスの連帯意識の重要性に気がつかない子供を排斥するということ。

⑤ 教室の中でうまく立ち回るための知恵を身につけている子供たちは、教師との関係に対して不器用な子供を見下し、自己主張を曲げない子供を排斥するということ。

傍線部分にある「前者」と「後者」という二つの指示語の直接の指示内容は、直前の文にあるように「前者」＝「鈍感さ」・「後者」＝「依怙地さ」である。ただ、それを押さえて各選択肢を見ていっても、どれもあたっているようで外れているようでなかなか絞れない。では逆に、**それぞれの選択肢が「前者」＝「鈍感さ」(i)・「後者」＝「依怙地さ」(ii)をどう捉えているかをヨコに見比べてみよう。**

**解法のコツ③** ……視点の移動―ある事柄についての記述の相違……

①(i)＝クラス内で自分の地位を向上させようとしない子供
　(ii)＝教師の言うことを聞かない意地っ張りな子供
②(i)＝自分たち（クラス内で安定した地位にいる子供たち）に媚びる子供
　(ii)＝自分たち（クラス内で安定した地位にいる子供たち）に反抗する態度をとり続ける子供
③(i)＝無神経に教師の領域を犯してしまう子供
　(ii)＝いつまでも子供らしいままでいようとする人間
④(i)＝表立って教師に逆らうような子供
　(ii)＝クラスの連帯意識の重要性に気がつかない子供
⑤(i)＝教師との関係に対して不器用な子供
　(ii)＝自己主張を曲げない子供

(i)について①～⑤を見比べると、**「クラスの子供たち」との関係になっているのが①・②、「教師」との関係になっているのが③・④・⑤とグループ分けすることができる。**ここまで確認してから問題文に戻ろう。

**問題文の分析**

「鈍感さ」
↓
「習得してしまえば、これ程**便利なもの**の存在に気付いていない」（ℓ11～12）

**その利用方法**
＝「そのこと（ラベルを剥がしてみること）が、教師を喜ばせ、休息を伴った自らの地位の向上に役立つ」（ℓ8～9）

だとすれば
↓
これは**生徒と教師との関係**

傍線部付近から「鈍感さ」の内容を読み取ると右のようになり、まず①・②は除外でき、③～⑤が残る。その延長線上で考えれば、(ii)＝「知ろうとしない依怙地さ」も、「教師」との関係においてうまく立ち回るすべを知ろうとしない、**という意味に捉えられ、クラス内の（子供同士の）人間関係でこれを捉えている②・④は不適切だと判断できる**。③の「いつまでも子供らしいままでいようとする人間」というのでは、「教師」との関係でうまく立ち回らないということと比してやや的外れ。(ii)としては①・⑤が妥当であり、(i)を考えあわせると解答は⑤、ということになる。

では次に**問3**を見てみよう。設問の指示に「本文全体の内容を踏まえて」とあるのは、**傍線部分および直接に関連する部分だけでは解答が出にくいということを、出題者が教えてくれているものと解釈**しよう。

## 部分説明問題を解く　2

**問3**　傍線部**B**「彼が、何を証明したいのか」とあるが、ここで「彼」が明らかにしたかったのは、どのようなことと考えられるか。本文全体の内容を踏まえて、最も適当なものを、次の①～⑤のうちから一つ選べ。

①×　自分たちは、学校という場に拘束されており、子供であるということを理由にどれほど教師の脅威にさらされ、個人としての人権を無視されているかということ。

②○　担任の奥村が、子供たちと同じ視線でものを見ていきたいという純粋な欲望を持ち、血の通った人間として互いに接しあえる教師であるかどうかということ。

③　都合のいいときだけ子供の世界に歩み寄ろうとする担任の奥村のやり方は、教師としてふさわしくないのだから、△自分が反抗するのは正当な行為だということ。

④×　時が過ぎればどんなことも笑い飛ばすことができるようになると言って自分を安心させてくれた母×親の言葉が、学校という場でも通用するかどうかということ。

⑤　担任の奥村は、クラス全体に自分の考え方を浸透させるために、わざと自分を見くびらせて子供と親しくなろうという魂胆を持った教師であるということ。

ここでもそれぞれの選択肢が、「**何が**」「**どうであること**」を明らかにしたかったと述べているのかに注目して、**選択肢を「ヨコに読む」**方法で進めよう。

**解法のコツ③** ……視点の移動 ― ある事柄についての記述の相違……

「彼」が明らかにしたかったこと＝「何が」「どうであること」なのか。

①「自分たち」は……「個人としての人権を無視されている」
②「担任の奥村」が……「血の通った人間として互いに接しあえる教師であるかどうか」
③「自分が（教師に）反抗する」のは……「正当な行為だ」
④「母親の言葉」が……「学校という場でも通用するかどうか」
⑤「担任の奥村」は……「わざと自分を見くびらせて子供と親しくなろうという魂胆を持った教師」だ

まずは「何が」にあたる主語が異なっていることを押さえよう。その上で問題文に戻り、傍線部分直前の「そこまでして」の「そこ」（ℓ17）を手がかりに、秀美に起こったことを捉えていこう。

**問題文の分析**

「そこ」＝「このような事件」（ℓ16）
↓
「ある日、教室で、奥村から……言われて、秀美は立ち上がって反発する」（前書きでの説明）
だとすれば、
↓
この指示内容は「秀美」が担任の「奥村」に対して反発していること

このように押さえれば、選択肢は「秀美」と「奥村」との関係に言及している②・⑤に絞りこむことができる。①・④は「奥村」に触れていない点で適当でない。③は「奥村」に言及してはいるが、あくまでも主体は「自分の反抗」の正当性を訴えることであるし、「都合のいいときだけ子供の世界に歩み寄ろうとする担任の奥村のやり方」についても、問題文中に相当する記述はない。さらに②と⑤を吟味すると、⑤「担任の奥村」に関して「わざと自分を見くびらせて子供と親しくなろう」という記述に相当する部分は問題文中にないことから、②を選ぶ。ただし、②の選択肢にあるような、「秀美」が担任の「奥村」を試そうとしているという旨の直接の記述は問題文中にはない（だからこの設問には多少の無理がなくはない）。しかしながら、問題文後半で、**秀美が愛していた「白井教頭」に「生きてる血」の話をされたことが回想されている**ことに照らし合わせれば、この選択肢が不適切だとはいえまい（他の選択肢に比べて不適切さが少ない）。そのため「最も適当なもの」を選ぶとすれば、②になるのである。

では**問**４。

## 部分説明問題を解く　３

**問４**　傍線部**C**「微笑を浮かべて、白井は、自分のワイシャツの袖をまくり上げて、腕を出した」とあるが、この白井の行動にはどのような気持ちが込められているか。その説明として最も適当なものを、次の①〜⑤のうちから一つ選べ。

①　秀美には自分の中に興味や疑問が生じると性急に答えを求めたがる傾向がある。そんな彼のことを好ましく思いながらも、秀美の心のはやりⓐをなだめ、一緒にみんなで考えるきっかけⓐをつくろうとする気持ち。

② 心臓や呼吸が止まっただけでは人間の死とはいえないという話をしたことで、子供たちの表情はそれまでにない真剣なものに変わった。そこで、この場を利用して子供たちに人間の生命の大切さを理解させようとする気持ち。

③ 子供たち自身でものを考えるように会話をしむけることで、とりあえず子供たちの興味を引きつけることはできた。しかし、秀美だけは納得がいかない表情なので、わざと彼の勇気を試すようなものの言い方をして挑発する気持ち。

④ 人間の生と死にまつわる問題を子供たちと考えるのだから、いいかげんな理屈ではぐらかすわけにはいかない。だが、子供たちの目の前で、どうしたら生きていることの証《あかし》を見せてやることができるだろうかと思案する気持ち。

⑤ 好奇心が旺盛《おうせい》なくせに、普段は子供たちの仲間に入っていけない秀美が、いまやっと心を開こうとしている。絶好の機会だから、もっと彼の注意を引きつけて、人と人とが深く関《かか》わっていくことの楽しさを教えようとする気持ち。

---

**問3**と同じように、それぞれの選択肢から、**「何を」「どうしたいのか」に相当する部分を抜き出して比較**してみよう。

**解法のコツ③**　……視点の移動 ― ある事柄についての記述の相違……

① 〈秀美の心のはやり〉を〈なだめる〉／〈一緒にみんなで考えるきっかけ〉を〈つくる〉

② 〈人間の生命の大切さ〉を〈理解させる〉

③ 〈彼（秀美）の勇気〉を〈試す〉〈挑発する〉

④〈どうしたら生きていることの証を見せてやることができる〉かを〈思案する〉
⑤〈人と人とが深く関わっていくことの楽しさ〉を〈教える〉

その上で、問題文に戻って傍線部分の周辺を読む。直前に「秀美は、もどかしそうに尋ねた。すると……」（ℓ60）とあるから、傍線部分の「白井」の行動は、**直接には「秀美」**のもどかしい気持ちに導かれたものということができる。これを踏まえれば、選択肢は①の「秀美の心のはやりをなだめ……」という記述がベストだと判断できる。②・④は「秀美」だけでなく**「子供たち」全員を対象としている点**で的外れ。③・⑤は「秀美」個人を押さえている点でより適切であるが、「納得がいかない」や「心を開こうとしている」というのでは「もどかしそうに」というニュアンスからやや外れる。また、③では「とりあえず……できた」や「試す」「挑発する」といった行動が、信頼に値する大人である白井の描写としてふさわしくない。よって、①が最も適切と判断できよう。この傍線部分に至る「白井」と子供たちとの一連のやりとりに照らしても矛盾する記述ではない。

では**問5**はどうか。

---

**問5**　傍線部**D**「喉に移行する不思議なあたたかさを、いとおしくさえ思っていた」とあるが、ここでの「いとおし」さとは、どのようなものか。その説明として最も適当なものを、次の①～⑤のうちから一つ選べ。

× ①　自分はいままで親しみを持てる教師と出会うことがなかったため、学校のなかではいつも孤独だったが、白井によってはじめて生きるということの意味を教えられた。ここでの「いとおし」さとは、素晴らしい先生との出会いの感動をいつまでも忘れたくないという気持ちである。

## 部分説明問題を解く　4

②× 温度を上げ過ぎると、血管が破裂するぞという警告を受けて、秀美ははじめて自分がいかに学校内で先走った態度をとっていたかを思い知らされた。ここでの「いとおし」さとは、こうして新たに成長した自分を大切にしようとする気持ちである。

③× 喉を過ぎていく血のあたたかさを通して、秀美は、それが自分の体内にも流れており、結局、人間はみな平等なのだということを悟った。ここでの「いとおし」さとは、白井とのやりとりのなかで気づくことのできたその感動を、記憶にとどめたいという気持ちである。

④× 多くの教師たちは、うわべだけのやさしさを漂わせながら子供たちの世界に侵入してきたが、白井だけは本気で自分を心配してくれた。ここでの「いとおし」さとは、そんな白井の存在をいつまでも身近なものとして感じていたいと思慕する気持ちである。

⑤○ はじめは錆びたようにしか感じられなかった血の味が、しだいに生きていることを実感させる味へと変化してきた。ここでの「いとおし」さとは、白井の教えを通して、生命のもっているあたたかさにふれた喜びを大切にしたいという気持ちである。

この設問の選択肢はいずれもかなりの長さがある。**ポイントを絞って見比べていくようにするとよい。**たとえば、**各選択肢の後半にある「何を」「どう思っているか」の部分に注目して、それぞれの記述を抽出してみると**以下のようになる。

**解法のコツ③**　……視点の移動―ある事柄についての記述の相違……

選択肢後半「何を」「どう思っているか」の部分を比較する。

①「素晴らしい先生との出会いの感動」―「忘れたくない」
②「新たに成長した自分」―「大切にしよう」
③「その感動（＝人間はみな平等なのだ）」―「記憶にとどめたい」
④「白井の存在」―「身近なものとして感じていたい」
⑤「生命のもっているあたたかさにふれた喜び」―「大切にしたい」

それぞれの相違を見きわめた上で問題文に戻り、傍線部分の直前を見てみる。「この言葉を、もしかしたら、自分は、生涯、忘れることはないのではないか。そんな予感……」（ℓ85〜86）とある。「この言葉」とは、「白井」が言った「生きてる人間の血には、味がある。おまけに、あったかい」（ℓ77）を受けている。この経緯を最も具体的に押さえている選択肢を探せば⑤を選ぶことができるはずだ。①・②・④は問題文の記述に矛盾していないが、この**「生きてる」ということにふれていない点**で⑤に劣る。③の「人間はみな平等」については、問題文中にこれに相当する適切な記述がないので誤りといえる。

このように、まずは選択肢や設問に注目して選択肢どうしの異同を整理し、そこから問題文の傍線部分に戻って、選択肢を絞りこんでいく、というやり方もあるのだ。ここまでできてしまえば、あとは全体把握の問題に取りかかろう。

ここまで把握した内容を確認するために、正解の選択肢を抜き出してみると以下のようになる。

**問2** ⑤ 教室の中でうまく立ち回るための知恵を身につけている子供たちは、教師との関係に対して不器用な子供を見下し、自己主張を曲げない子供を排斥するということ。

**問3** ② 担任の奥村が、子供たちと同じ視線でものを見ていきたいという純粋な欲望を持ち、血の通った人間として互いに接しあえる教師であるかどうかということ。

**問4** ① 秀美には自分の中に興味や疑問が生じると性急に答えを求めたがる傾向がある。そんな彼のことを好ましく思いながらも、秀美の心のはやりをなだめ、一緒にみんなで考えるきっかけをつくろうとする気持ち。

**問5** ⑤ はじめは錆びたようにしか感じられなかった血の味が、しだいに生きていることを実感させる味へと変化してきた。ここでの「いとおし」さとは、白井の教えを通して、生命のもっているあたたかさにふれた喜びを大切にしたいという気持ちである。

秀美の性格と、彼をめぐる周囲の反応が描かれる物語の中で、軸となっているのは「秀美」と「奥村」との**対立**(i)であり、その「奥村」と対比される形で、文字通り「血の通った」人としての「白井」が登場している(ii)のである。

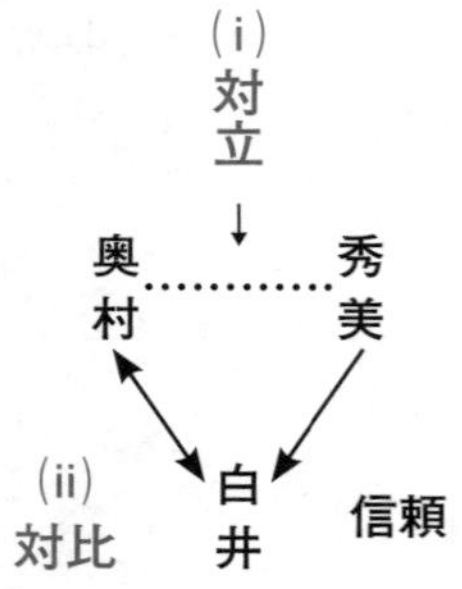


この構図を押さえた上で**問６**の選択肢を見てみよう。

## 全体把握問題を解く　1

**問６**　本文の特徴を説明したものとして最も適当なものを、次の①～⑤のうちから一つ選べ。

①　教師にうまく対応できる微妙なバランス感覚にすぐれた子供が優越感を抱き、それに従わなければ排斥されるようなクラスの人間関係を、子供本来のあり方から逸脱するものとして批判的に捉える主人公の心理が描かれている。

②　くだらない教師たちとの出会いを身の不運と考え、教室の中ではそれを甘んじて受け入れようとしながらも、思わず血を沸騰させて、担任の奥村に逆らう主人公の心情が、回想場面をまじえながら描かれている。

③　大人のやり方をまねてクラス内での地位向上をはかろうとする子供たちのずるさを敏感に見抜き、自分自身が成長していくことで、そのような嘘の世界に見切りをつけてやろうと考えている主人公の姿が描かれている。

④ 教師の権威に屈服しつつ集団の連帯意識を強めようとする子供たちの世界を、未来のために越えなければならない堤防のようなものと考えていた主人公が、周囲の人々の愛情に支えられて成長へのきっかけをつかむ姿が描かれている。

⑤ 教師に貼《は》りつけるラベルの扱い方や、子供たちの連帯意識からはじき出される孤独感には無頓着で、自分自身の信念にもとづいて独自の立場を堅持していこうとする主人公の意思が、具体的なエピソードを通して巧みに描かれている。

---

まず(i)の観点から見ていく。ここでは主人公の「秀美」と担任の「奥村」との対立が軸になっており、あくまでも主軸は**「一生徒（秀美）―教師」の関係**だと捉えれば、「クラスの人間関係」への批判として捉えている①や、「子供たちのずるさを敏感に見抜き」としている③は誤りとなり、②・④・⑤に絞られる。

続いて(ii)。問題文後半の「白井教頭」のエピソードは、「前の小学校の白井教頭の顔が浮かぶのだ」（ℓ30〜31）とあるように、あくまでも**「奥村」との対比における回想**である。その点を踏まえた選択肢は②の「回想場面をまじえながら」のみである。④の「周囲の人々の愛情に支えられて」はこの点で不適切。⑤は、「独自の立場」「具体的なエピソード」が具体性を欠き、また「孤独感には無頓着で」が問題文中の「たびたび孤独を味わっていた」とやや矛盾する。

**【3つの戦略】**は論理的文章に限らず、ほぼそのままで文学的文章にも応用可能であることが確認できただろう。**本番で出題パターンを見きわめてスムーズに【戦略】を実践できるように、慣れておこう。**

続く第3章では、**【戦略】**と**解法のコツ**を使って言語活動の出題に対応するプロセスを見ていこう。

# 第3章　言語活動への対処

## 例題　高校生とスマートフォン

夕日高校の新聞部では、部員たちがテレビのニュース番組で「スマートフォン普及の功罪」という討論を見たことをきっかけに、「夕日高校生たちとスマートフォン」というタイトルの特集記事を掲載することにした。

記事は、〈ニュース番組の討論の内容〉、〈新聞部が夕日高校の生徒に対して行ったアンケートの結果〉、〈夕日高校生の学業成績とスマートフォン使用に関する調査報告〉、テレビ討論とアンケート結果を踏まえた〈夕日高校生のスマートフォン使用に関する論考〉で構成した上で、最後に【編集後記】として、特集を終えてあらためて夕日高校生に伝えたいことをまとめることにした。次の【図】は新聞の配置案であり、後の【文章Ⅰ】、【資料①】、【資料②】、【文章Ⅱ】は、この配置案に沿って準備した原稿である。これらを読んで、後の問い（問1～4）に答えよ。

【図】

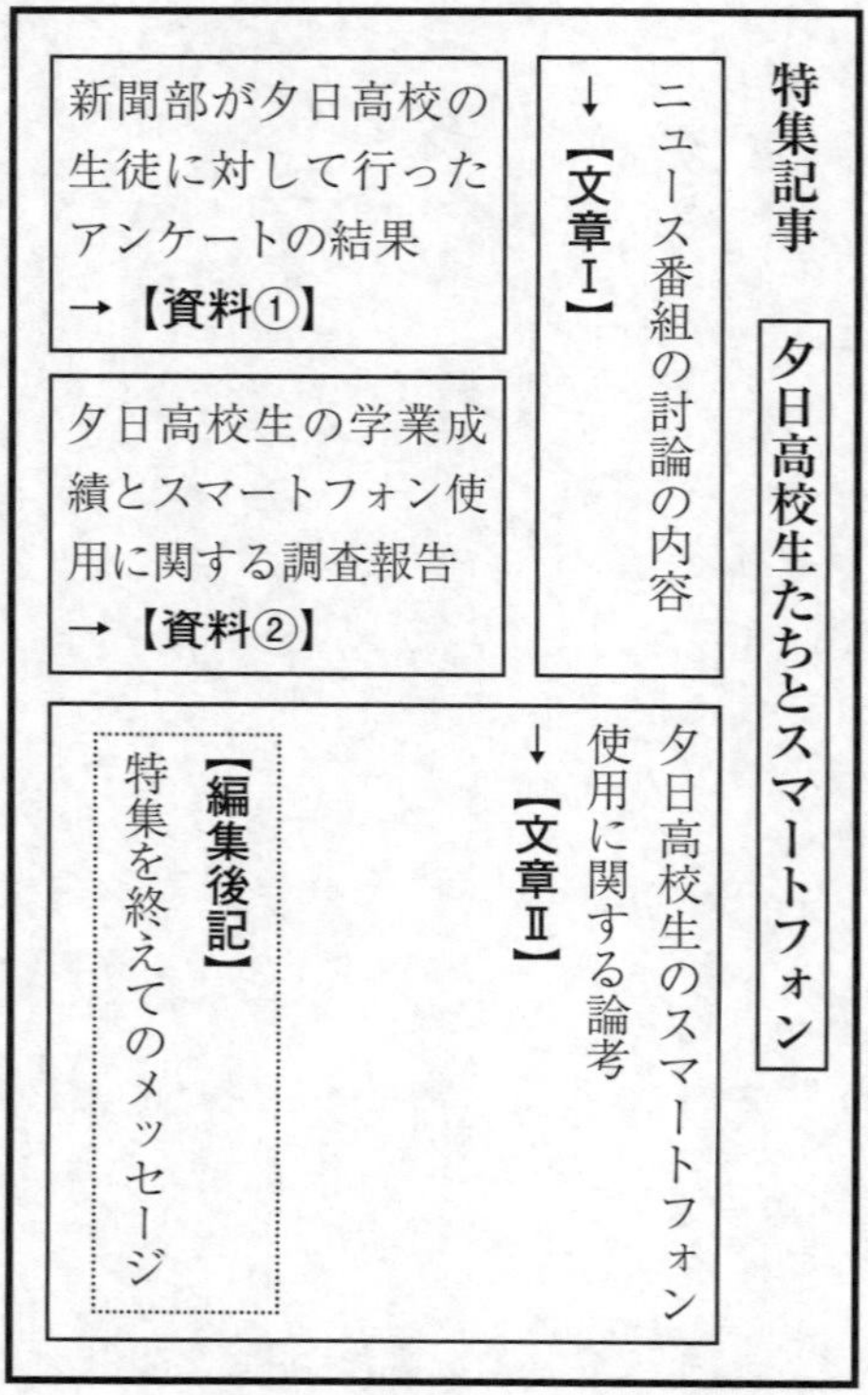

【文章Ⅰ】

「スマートフォン普及の功罪」（ニュース番組より一部抜粋）

討論のテーマ

安部　坂東さん、高校生たちはスマートフォンとどう向き合っていくべきだとお考えですか。

問２着眼箇所

坂東　私は、学生のうちはスマートフォンの使用はできるだけ控えるべきだと思います。学生の本分は勉強です。もちろん、スマートフォンの多彩な機能を活用すれば、より効率のよい学習も可能かもしれません。しかし、現状ではどれだけの学生が、スマートフォンを学習に活用できているというのでしょうか。ほとんどの学生は、友達と連絡を取ったり、動画を見たりするのに用いるばかりだと思います。スマートフォンの使用時間の長い学生ほど、成績も悪いという話を聞いたこともあります。スマートフォンはとても普及しているので、全面的に禁止すべきとまでは言えませんが、一日の使用時間に制限をかける機能をスマートフォンに付加したり、保護者が厳密なルールを設定したりするほうがよいでしょう。

一つ目の論点

一つ目の論点

千葉　でも、高校生ともなれば、スマートフォンの使用時間や利用法について、きちんと自分で計画を立てられるはずです。いつまでも外的な制約ばかりを課していては、かえって彼らの自主性を妨げることにもなりかねません。

坂東　しかし、スマートフォンはあまりに手軽で誘惑が多すぎるのです。

千葉　手軽であることは、同時に長所にもなるはずです。容易にウェブ検索ができるのは言うまでもありませんし、ノート機能をもつアプリを利用すれば、通学電車の中で手軽に授業の復習なども可能になるでしょう。

二つ目の論点

坂東　なるほど。そういう見方も可能かもしれません。では、スマートフォンをめぐる、ＳＮＳでの未知の他人とのトラブルや犯罪に巻き込まれる危険性についてはどのように考えていますか？

千葉　もちろん、それは看過できない問題です。しかし、そうした危険性は、やはり大人になってからもつきまとうものです。危険から子どもたちを守ることも重要ですが、スマートフォンと無縁で生活するということがほとんど考えられない以上、未知の他人との関係構築や、危険への対処方法を若いうちから身につけることも、同じように重要だと考えます。

**【資料①】新聞部が夕日高校の生徒に対して行ったアンケートの結果**

アンケート結果１ 「通話・通信以外のスマートフォンの主な利用方法」

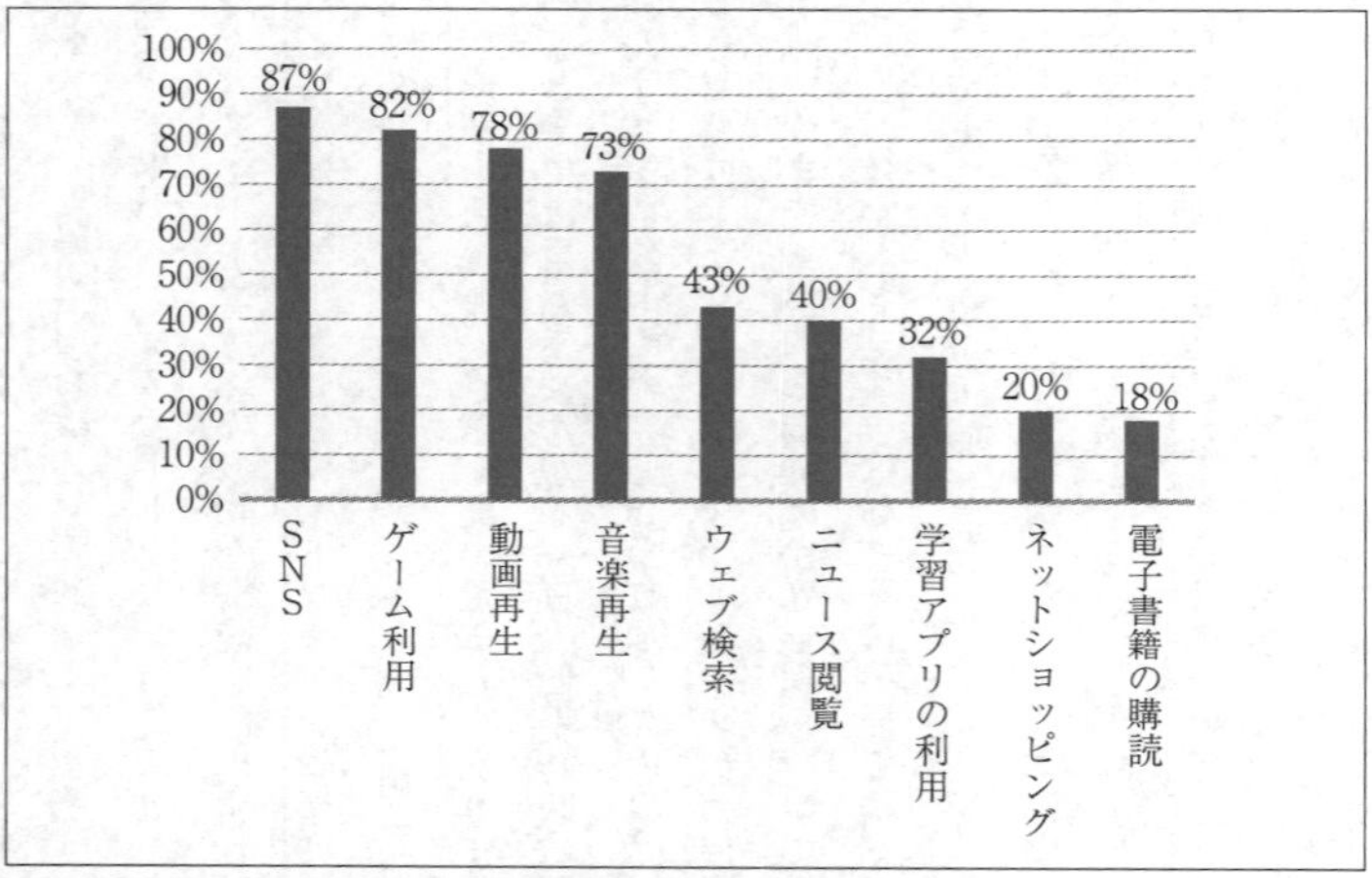


※全校生徒を対象に実施（回収率92%）

アンケート結果２ 「スマートフォンについて夕日高校新聞で取り上げてほしい話題」

| | |
|---|---|
| 友人とのSNSでのトラブル対処方法 | 32件 |
| ネットショッピングの活用方法 | 24件 |
| 人気のゲームアプリ | 23件 |
| 勉強に役立つアプリ | 21件 |
| 夕日高校生のスマートフォンの利用時間 | 12件 |
| 動画・写真撮影のコツ | 5件 |
| オススメの動画サイトについて | 3件 |

文章中に出てくるキーワード

※「スマートフォンについて夕日高校新聞で特に取り上げてほしいと思う話題があれば、自由にお書き下さい」という質問に寄せられた全120件の回答を、同趣旨の内容で分類したもの。

**【資料②】夕日高校生の学業成績とスマートフォン使用に関する調査報告**

夕日高校における学業成績とスマートフォン使用の関係について

文責：上野（中間報告）

スマートフォン使用に関連して、夕日高校三年生の一日当たりの平均使用時間を調査し、成績との関係でグラフ化した。

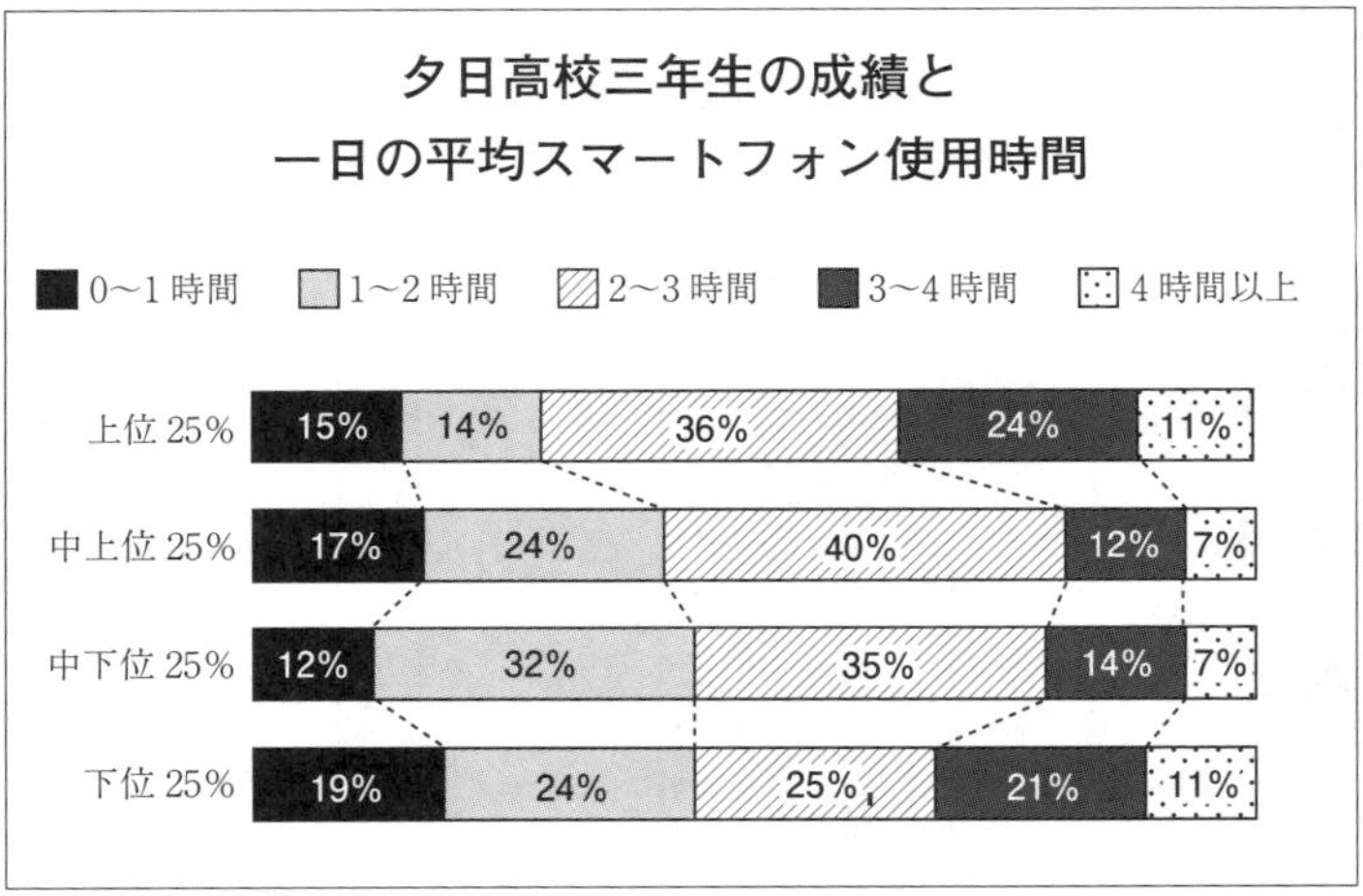


上記のグラフは、現夕日高校三年生の、直近一年間に学内で実施された定期テスト・実力テストの総合点の平均値に基づいて、成績順に25％ずつの層に分類し、一日当たりの平均スマートフォン使用時間との関係を示したものである。例えば、一番上のグラフは、夕日高校三年生の成績上位25％の層のうち、15％の生徒が0〜1時間、14％の生徒が1〜2時間、36％の生徒が2〜3時間、24％の生徒が3〜4時間、11％の生徒が4時間以上、一日にスマートフォンを平均して使用していると答えたことを示している。



第3章 戦略Ⅰ

**【文章Ⅱ】**

内閣府による「青少年のインターネット利用環境実態調査（令和３年度）」によると、▼問1高校生のスマートフォン保有率は９８.５％、インターネット利用率は９９.２％、平日一日当たりのインターネット利用時間は約5時間31分であった。そこで新聞部でも、わが校におけるスマートフォン利用の実態を調査するために、全校生徒にアンケートを実施した。

**■スマートフォンの主な利用方法は？**

アンケート結果1によると、▼問2夕日高校生の利用方法の上位はＳＮＳ、ゲーム、動画・音楽再生であった。この結果だけを見ると、▼問2スマートフォンが主にコミュニケーションツールおよび娯楽として用いられているように感じられる。

**■スマートフォンの使用時間と成績の関係は？**

アンケート結果２から、▼問4勉強に役立つアプリに対する夕日高校生の関心は比較的高いことがわかる。また、「夕日高校生の学業成績とスマートフォン使用に関する調査報告」では、▼問1・2夕日高校三年生の成績上位者の方が下位者よりもスマートフォンの使用時間が長い傾向が見られた。「スマートフォン普及の功罪」と題したニュース番組での指摘は、夕日高校にどれだけ適用できるのだろうか。少なくとも夕日高校では、［　X　］。

**■スマートフォンは勉強に役立つ？**

勉強とスマートフォンとの関係について実態を詳細に把握するには、さらなる検証が必要だろう。アンケートの［　Y　］の項目だけでは、▼問3我々高校生がスマートフォンを積極的に勉強に活用しているかどうかは測れず、勉強のためにスマートフォンを使う場面は他にもさまざまにあるはずだ。いくつか例を挙げてみよう。

問3

・オンライン授業や教科の解説動画を視聴する。
・授業理解を補うための参考図書を電子書籍で購入する。
・授業でまとめたノートをスキャンして復習に使う。
・言葉の意味などを調べるために情報検索を行う。

一方で、スマートフォンを勉強に利用する機会がない生徒が大半だということもあり得る。新聞部では、実際の利用方法について引き続き検証するとともに、勉強に役立つ使い方について、情報発信を随時行っていく方針である。

■編集後記

Z

## 戦略の決定

　共通テスト国語の第３問は、社会生活に関わる題材について、文章や資料を多角的に検証してその結果をまとめるといった活動の過程を想定し、そうした状況での情報処理力と言語運用力を問う出題である。文章に加えて複数のグラフ・図の内容や意図を的確に読み取り、相互に関連づけて解釈・分析することで、一見しただけではわかりにくい特徴を導き出すことが求められる。

　そこで重要になるのが、**出題者の意図の把握**である。**複数の文章や資料がどのような趣旨で示され、組み合わされているのかを知れば、効率よく情報を取り出し、解釈することができるはず**だ。ただし、慣れていないと時間をとられる可能性があるので、まずは**【戦略】**と**解法のコツ**をしっかり押さえよう。

**解法のコツ⑤**　……全体的な「仕掛け」―出題者のメッセージ……

**「前書き＝出題者による言葉」は、複数の文章・資料を貫く統一テーマを捉える上で見逃せない情報。**

　複数のテクストを用いる場合、「**【文章Ⅰ】**は、……であり、**【文章Ⅱ】**は、……である。また**【資料】**は、……である。」のように、それぞれのテクストの内容が前書き部分で示されることが多い。まずはそれぞれのテクストの内容をしっかり押さえよう。

着眼点

文章と資料の趣旨

・【図】＝夕日高校新聞特集記事の配置案

・【文章Ⅰ】＝あるニュース番組における「スマートフォン普及の功罪」という討論を抜粋した部分の原稿
・【資料①】・【資料②】＝夕日高校新聞部員が行ったアンケートと調査結果分析の原稿（詳細はグラフのタイトルを参照する）
・【文章Ⅱ】＝夕日高校新聞特集記事に掲載する論考の原稿

それぞれのテクストの内容を押さえたら、次に、テクスト相互の関係性を捉えたい。まず、二つの【文章】の論点や主張の共通点・相違点を押さえてから、【資料】として提示される図表の位置づけを考えよう。

**解法のコツ⑦**……全体的な「仕掛け」―キーワード……

**複数の文章で頻出する語句や展開上の共通点に着目して、全体を貫く論点を押さえる。**

キーワードに着目しながら、【文章Ⅰ】と【文章Ⅱ】を比較してみよう。

**テクストの整理**

【文章Ⅰ】・どれだけの学生が、スマートフォンを学習に活用できているのか
・スマートフォンの使用時間の長い学生ほど、成績も悪い
→一つ目の論点
・一日の使用時間に制限をかけたり、保護者が厳密なルールを設定したりするべき

・ＳＮＳでの未知の他人とのトラブルや犯罪に巻き込まれる危険性　→二つ目の論点
⇔　対立意見
・高校生はスマートフォンの使用時間や利用法について自分で計画を立てられるはず　→一つ目の論点
・未知の他人との関係構築や、危険への対処方法を若いうちから身につけることも重要　→二つ目の論点

**【文章Ⅱ】**・夕日高校生のスマートフォンの利用方法
・夕日高校生のスマートフォンの使用時間と成績の関係
・スマートフォンは勉強に役立つか
→一つ目の論点

**【文章Ⅰ】**・**【文章Ⅱ】**に共通するのは、一つ目の論点〈スマートフォン使用と学業成績〉であり、**【文章Ⅰ】**に限っては二つ目の論点として、〈ＳＮＳでのトラブルの危険性〉を含むことが明らかになった。なお、**【文章】**の比較そのものが設問で問われることもある。その場合には、文章同士の関係性の捉え方が直接的に選択肢の吟味に影響を与えるので、〈比較〉の視点は常にもっておくようにしたい。

**【文章Ⅰ】**・**【文章Ⅱ】**の共通点と比較のポイントを確認したら、次は、図やグラフに着目しよう。

**解法のコツ⑬ ……全体的な「仕掛け」―グラフや図の読み取り……**

**グラフや図は、テーマに関する議論を裏づけるものとして、一定の意図のもとで提示されている。そこから読み取れる傾向や特徴が選択肢吟味の決め手になる。**

設問や選択肢を見て、グラフや図の読み取りが求められているとわかったら、対応するグラフや図と照らし合わせて、問われている内容の根拠となる要素を探す。

このように第3問では、まず全体のテーマを押さえた上で、設問ごとに対応するテクスト間を行き来し、**〈文章同士の関係性や共通点・相違点をつかむ〉**、**〈グラフ・図などから設問に関連する内容や選択肢判定の根拠につながる要素を読み取る〉という二つの方法を組み合わせながら選択肢を絞り込んでいく**のが有効だ。

さらに第3問は言語活動の思考過程を重視した問題であるため、文章とグラフ・図などの資料を踏まえた**【レポート】**など、「報告や考察をまとめた別の文書や資料」を完成させることがゴールになる点も注意したい。すなわち、文章・資料から読み取った内容は、**【レポート】**などに用意された空欄補充問題を考える上でのヒントになるのであり、グラフ・図などに示された**データを正確に読み取るだけでなく、データの意味を、文章と関連づけて「解釈」し、求められている情報を補うことが必要**になるのだ。以上を踏まえて、ここでは**【戦略Ⅰ】構成・趣旨から解く**をとり、**問1**から順番に解いていく方法で進めたい。

3つの戦略

# 戦略Ⅰ　【構成】・【趣旨】から解く

**1　全体のテーマを見抜く**

(i) 出題者の言葉
(ii) 繰り返されている表現（キーワードなど）

に着目。→「○○について、××の観点から考える」程度の一文にまとめてみる。

↓

**【構成】・【趣旨】を引き出す**

←

**2　文章・資料の関係性を捉える**

それぞれの文章・資料の趣旨を明確にした上で比較する。

←

**3　設問と対応するテクストを照らし合わせて解く**

**4　文章やグラフから求められている情報を補う**

**2**で把握した各テクストの性質を踏まえて、正誤の根拠や必要な情報を含むテクストを見きわめる。

## 1　全体のテーマを見抜く

「**戦略の決定**」でも見た通り、全体のテーマは〝**高校生によるスマートフォンの使い方**〟である。**【文章Ⅰ】**・**【文章Ⅱ】**とも、はじめに「学習とスマートフォンとの関係」に触れ、**【文章Ⅰ】**では続いて「スマートフォンをめぐる危険性」に議論が展開している。このテーマについて検証・考察する過程と、考察結果をまとめた論考を書く目的とが、複数テクストが提示される背景にあることをしっかりと頭に入れておこう。

## 2　文章・資料の関係性を捉える

〝高校生によるスマートフォンの使い方〟という全体テーマを踏まえながら、文章と資料の内容と、相互の関係性をもう一度整理しよう。

**テクストの整理**

- 【図】＝夕日高校新聞特集記事の配置案
- 【文章Ⅰ】＝あるニュース番組における「スマートフォン普及の功罪」という討論を抜粋した部分の原稿
- 【資料①】・【資料②】＝夕日高校新聞部員が行ったアンケートと調査結果分析の原稿
- 【文章Ⅱ】＝夕日高校新聞特集記事に掲載する論考の原稿

この枠組みをつねに頭におくことで、各設問の意図の把握、選択肢の絞り込みがスムーズになる。

# 3　設問と対応するテクストを照らし合わせて解く

## 設問とテクストの照合　1

**問1**　夕日高校三年生の成績とスマートフォンの使用状況についての説明として最も適当なものを、次の①～④のうちから一つ選べ。

① いずれの層も最も多いのは使用時間が「2～3時間」と答えた人の割合だが、特に中下位は35％と際立って多い。

② 2時間以上使用している人の割合は、下位25％では5割強に過ぎないのに対して、上位25％では7割以上にのぼる。

③ 使用時間が短い人が最も多いのは上位25％で、「0～1時間」が15％、「1～2時間」が14％である。

④ 夕日高校三年生全体では、一日に4時間以上使用する人の割合は10％程度で、内閣府による利用環境実態調査の結果に近い。

**着眼点**

問われている内容＝夕日高校三年生の成績とスマートフォンの使用状況

↓

照らし合わせるテクスト

【資料②】…「夕日高校三年生の成績と一日の平均スマートフォン使用時間」の調査結果

【文章Ⅱ】…「三年生の成績上位者の方が下位者よりもスマートフォンの使用時間が長い傾向が見られた」とあることに注目しておく。この報告につながる内容になると予想できる。

次に、選択肢の内容と資料との照合に進むが、資料（グラフや表など）を読み取る際に、数値から何がいえるかをすべて洗い出していては時間が足りなくなる。まずは**設問選択肢に関連する数値を優先して把握する**必要がある。先に選択肢を見てグラフで注目すべきポイントを確認した上で、**【資料②】**と**【文章Ⅱ】**から必要な数値を取り出すという手順でやってみよう。

**【資料②】**

**夕日高校三年生の成績と**
**一日の平均スマートフォン使用時間**

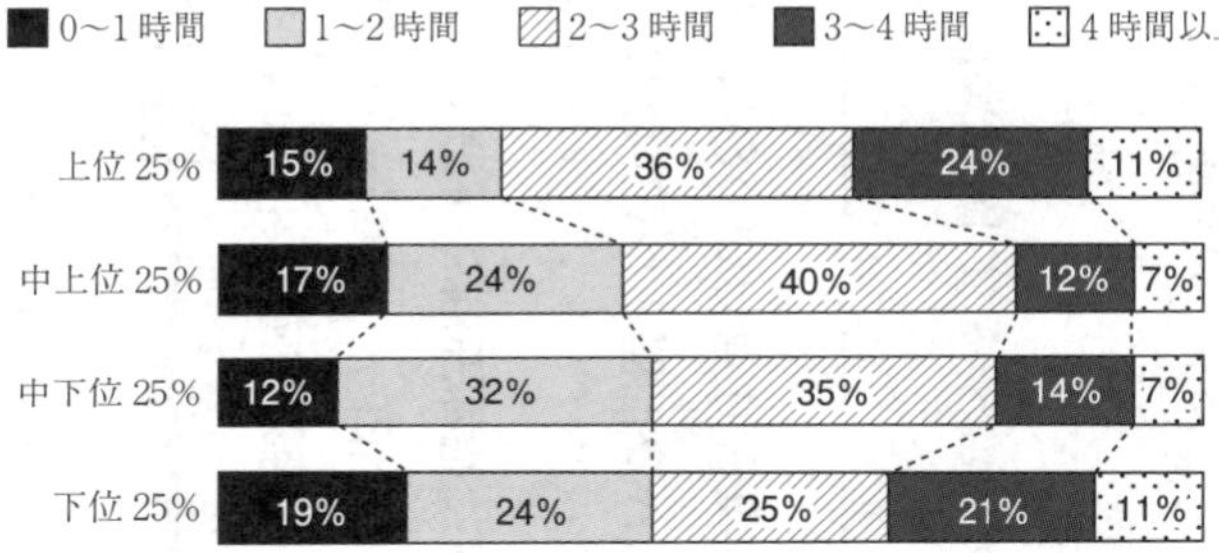


**資料の分析**

選択肢の中のポイントに関連した数値

① 使用時間が「2〜3時間」と答えた人の割合
…どの層も「2〜3時間」の割合が最も多く、上から36%、40%、35%、25%。

② 2時間以上使用している人の割合
…使用時間が2時間以上（＝「2〜3時間」＋「3〜4時間」＋「4時間以上」）の人は、上から71%、59%、56%、57%。

③ 使用時間が短い人が最も多い
…使用時間「0〜1時間」は、上から15%、17%、12%、19%。「1〜2時間」は、上から14%、24%、32%、24%。「0〜1時間」＋「1〜2時間」で比較すると上から29%、41%、44%、43%。

④ 一日に4時間以上使用する人の割合
…4時間以上使用する割合は、上から11%、7%、7%、11%。内閣府の実態調査は平均5時間31分。

第3章 戦略Ⅰ

ここまでグラフの数値を押さえた上で、各選択肢が述べている【資料②】の読み取り内容を検討していこう。

**選択肢の検討**

① 「2〜3時間」の使用時間が最も多いのは、中上位の40パーセント。↓×

② 「2時間以上」は、下位25％で57％、上位25％で71％。↓○

③ 上位25％の方が使用時間が短い人が少ない。すなわち〈成績上位者の方が下位者よりも使用時間が長い〉。↓×

④ 7〜11％なので一割前後といえるが、夕日高校三年生の「4時間以上」がどのくらいの時間なのかはこのグラフから読み取れないので、5時間31分に「近い」とは判断できない。↓×

以上より、【資料②】に示されたデータとの齟齬《そご》がなく、かつ【文章Ⅱ】で、「夕日高校三年生の成績上位者の方が下位者よりもスマートフォンの使用時間が長い傾向が見られた」という内容とも合致する、②が正解。

では、次の設問を見ていこう。

**問２**　【文章Ⅱ】の空欄 X に入る内容として最も適当なものを、次の①〜④のうちから一つ選べ。

① ＳＮＳ、ゲーム、動画・音楽再生が利用方法の上位であり、千葉氏が推察していたように、ほとんどの学生はスマートフォンを娯楽目的でしか利用していない。

**トの照合　２**

## 設問とテクス

② 成績のよい生徒ほどスマートフォンを勉強に利用しており、千葉氏が提案していたように、スマートフォンを活用して効率のよい学習を行うことは可能である。

③ 坂東氏が懸念していた、スマートフォンの使用時間が長いほど成績が悪いという実態は読み取れず、スマートフォンと学業成績との関係についての結論を出すことは難しい。

④ 千葉氏が指摘していたように、ウェブ検索はほとんどの生徒が利用しており、スマートフォンの使用時間や利用方法について自分で計画を立てていることがわかる。

**着眼点**

空欄X の前の「ニュース番組での指摘は、夕日高校にどれだけ適用できるのだろうか。少なくとも夕日高校では……」という流れを押さえる。

↓空欄X は、「適用できるのだろうか」という問いに対する新聞部の見解を述べたもの。

↓夕日高校三年生における「成績上位者の方が下位者よりもスマートフォンの使用時間が長い」という調査結果と、テレビ討論におけるそれぞれの論者の主張とを比較する。

↑

照らし合わせるテクスト

・【文章Ⅰ】…テレビ討論での指摘

・【資料②】…「夕日高校三年生の成績と一日の平均スマートフォン使用時間」の調査結果

**解法のコツ⑭**　……全体的な「仕掛け」―グラフや図の分析結果と意見とのつながり……

**テレビ討論については【文章Ⅰ】、夕日高校の実態については【資料②】を正しく根拠にしているといえる選択肢を絞り込む。**

［　Ｘ　］の前後は〈スマートフォンの使用時間と成績の関係〉について述べた文脈であることを踏まえて、ここでは【資料①】に示された〈スマートフォンの利用方法〉という視点は不要と判断する。それでは各選択肢を見ていこう。

**選択肢の検討**

① ＳＮＳ、ゲーム、動画・音楽再生が利用方法の上位であり、千葉氏が推察していたように、ほとんどの学生はスマートフォンを娯楽目的でしか利用していない。

② 成績のよい生徒ほどスマートフォンを勉強に利用しており、千葉氏が提案していたように、スマートフォンを活用して効率のよい学習を行うことは可能である。

③ 坂東氏が懸念していた、スマートフォンの使用時間が長いほど成績が悪いという実態は読み取れず、スマートフォンと学業成績との関係についての結論を出すことは難しい。

④ 千葉氏が指摘していたように、ウェブ検索はほとんどの生徒が利用しており、スマートフォンの使用時間や利用方法について自分で計画を立てていることがわかる。

① 空欄 X を含む部分の話題は〈スマートフォンの使用時間と成績の関係〉であり、利用方法とは直接関係がない。また「現状ではどれだけの学生が、スマートフォンを学習に活用できているというのでしょうか」と娯楽目的のみの利用を想定しているのは坂東氏であり、千葉氏ではない。

② **【資料①】**の〈スマートフォンの利用方法〉と**【資料②】**の〈使用時間〉とは結びついておらず、使用時間のグラフでは利用方法の内訳が不明であるため、成績上位の生徒が勉強に活用しているかどうかは判断できない。また、「スマートフォンの多彩な機能を活用すれば、より効率のよい学習も可能かもしれません」と推測しているのは坂東氏であり、千葉氏ではない。

③ **問1**で見たように、**【資料②】**より、使用時間が長い人は成績上位者に多い。したがって、使用時間が長いほど成績が悪いとはいえず、正しい。また、この点を懸念しているのも坂東氏なので合っている。

④「自分で計画を立て」ることについて言及しているのは千葉氏で合っているが、期待像として述べられているにすぎず、現実にそうであるとはいえないので不適切。

以上のことから、〈スマートフォンの使用時間と成績の関係〉という論点に対して**【文章Ⅰ】**および**【資料②】**の両方を踏まえた説明をしているのは③のみ。よって③が正解。

第3章　戦略Ⅰ

# 4　文章やグラフから求められている情報を補う

## テクストからの情報収集　1

問３　【文章Ⅱ】の空欄［Y］に入る言葉として最も適当なものを、次の①〜⑤のうちから一つ選べ。

①　電子書籍の購読
②　動画再生
③　ニュース閲覧
④　学習アプリの利用
⑤　ウェブ検索

着眼点

・〈スマートフォンは勉強に役立つか〉に関する文脈
・〈夕日高校生のスマートフォンの使い方〉について考察している
↓【資料①】アンケート結果１「通話・通信以外のスマートフォンの主な利用方法」に言及した発言と判断

**【資料①】**

アンケート結果１　「通話・通信以外のスマートフォンの主な利用方法」

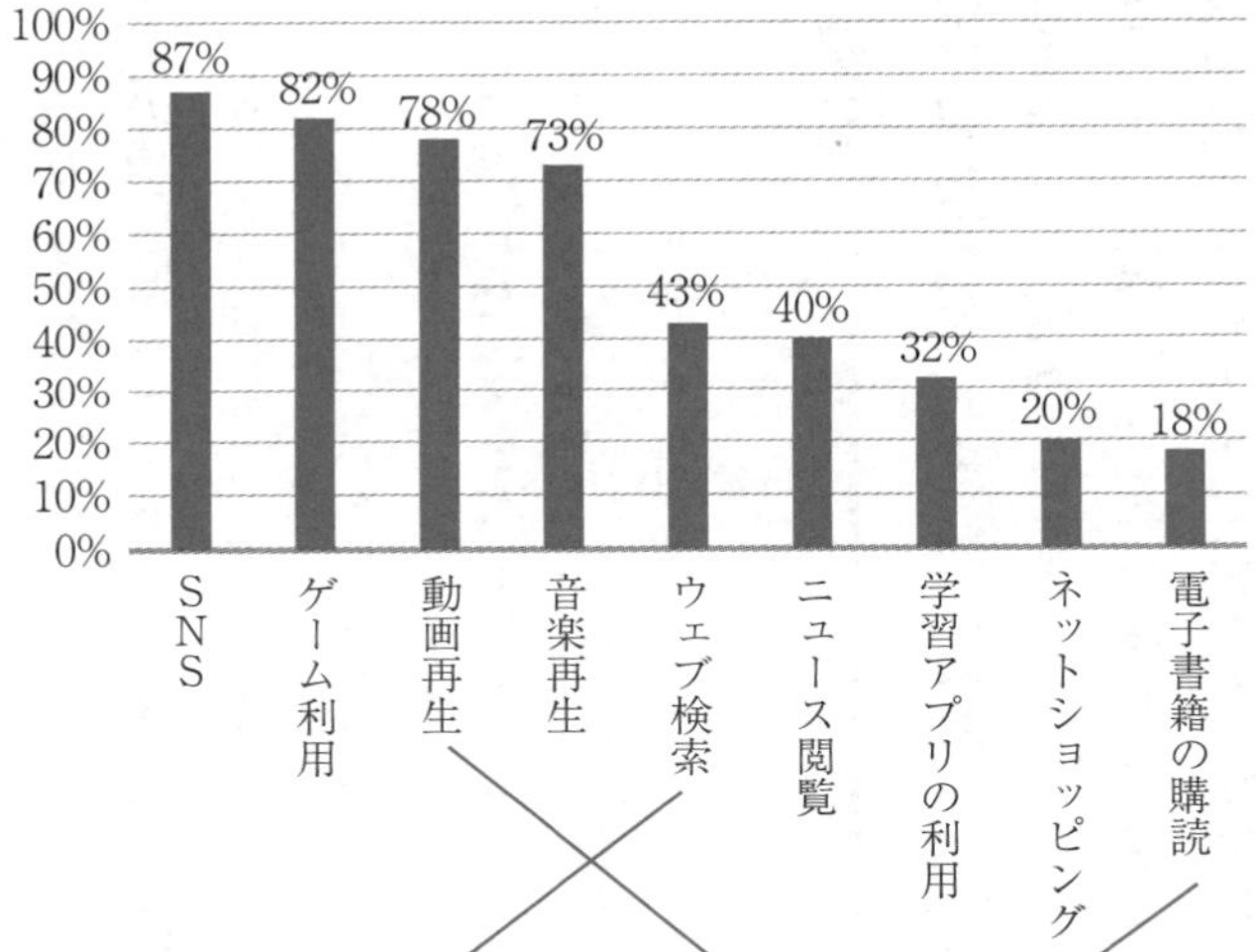


**資料の分析**

【文章Ⅱ】で挙げられている〈スマートフォンを勉強に使う場面〉の事例

・オンライン授業や教科の解説動画を視聴する。→「動画再生」の項目

・授業理解を補うための参考図書を電子書籍で購入する。
→「電子書籍の購読」の項目

・授業でまとめたノートをスキャンして復習に使う。
→アンケートの項目になし（カメラ機能を利用）

・言葉の意味などを調べるために情報検索を行う。→「ウェブ検索」の項目

**解法のコツ⑯**　……関連部分の追い方―空欄前後から求められている情報をつかむ……

「アンケートの［Y］の項目だけでは、我々高校生がスマートフォンを積極的に勉強に活用しているかどうかは測れず」

↓「空欄の項目は、スマートフォンを勉強に活用しているといえるもの」と捉える。

↓〈アンケート項目にある〉かつ〈確実に勉強に活用しているといえる〉項目を抽出する。

ここで、先に確認した【文章Ⅱ】中の事例が［Y］の項目とは別の「勉強に活用できそうな」事例であることに着目しておきたい。つまり、［Y］にはそれらとは異なる利用法が入るはずである。

以上を押さえて選択肢群を検討しよう。

**選択肢の検討**

① 電子書籍の購読↓「事例」にある
② 動画再生↓「事例」にある
③ ニュース閲覧↓「学習」に関連しそうではある
④ 学習アプリの利用↓「学習」と直接的に関連する
⑤ ウェブ検索↓「事例」にある

「事例」にある①・②・⑤をまず除外する。残った項目は③「ニュース閲覧」と④「学習アプリの利用」であるが、そのなかで〈確実に勉強に活用しているといえる〉のは「学習アプリの利用」のみとなる。よって、正解は④。

では、最後の設問に取り組もう。

## テクストからの情報収集　2

**問4**　部員たちは特集を組んだ意義を振り返り、あらためてスマートフォンの使用について夕日高校生と一緒に考えていくべきことを、「編集後記」で伝えることにした。次は、「編集後記」でどのようなメッセージを発信するべきかについての、部員たちの話し合いの様子である。**【文章Ⅰ】**・**【資料①】**・**【資料②】**・**【文章Ⅱ】**を踏まえた内容として最も適当なものを、次の①〜⑤のうちから一つ選べ。

① **上野さん**　テレビ討論では高校生にとってスマートフォンは有害だという意見も強く打ち出されていたけれど、夕日高校生へのアンケート調査からは、スマートフォンの使用は成績低下の原因とはならないし、むしろ勉強に役立てることもできるとわかったね。ただ、SNSなどのトラブルの危険性はあるのだから、その点については注意喚起しておくべきじゃないかな。

② **大塚さん**　スマートフォンは勉強に役立つことを明らかにできたのはよかった。ニュース番組では「高校生ともなれば自分で計画を立てられる」という声もあったわけだし、スマートフォンは勉強に使って、娯楽は別の方法で楽しむのが、高校生らしい使い方だと強調しておくべきだよ。

③　**高田さん**　アンケートを見ると、ネットで買えるおすすめの本を紹介してほしいという要望や、勉強に役立つアプリを取り上げてほしいという要望が上位に入っているから、夕日高校では勉強に役立てたいという意識はあっても実行していない人が多いんじゃないかな。活用できそうなアプリがあったら有料でも積極的に購入するように呼びかけよう。

④　**久保さん**　それも大事だけど、私はＳＮＳの利用が一番多いのが気になった。ニュース番組では未知の他人とのトラブルに注意喚起していたね。夕日高校生のアンケートからはＳＮＳでのトラブルに関する悩みや問題意識は見られなかったけれど、友人関係に限らず、広く、いつ巻き込まれるかわからないトラブルの危険については注意喚起しておくべきだよ。

⑤　**神田さん**　うん、リスク回避への呼びかけこそが、今回の特集の意義だと思う。保護者が管理するだけでなく、高校生が主体的にリスク回避の対策をとれるように、次回の特集ではネットリテラシーの特集を組むとよいね。またアンケート調査などを行うから協力してくれるように頼んでおこう。

---

第3問では、ゴールとして**【レポート】**などの「報告や考察をまとめた別の文書や資料」が提示されることが多く、その完成度を高めるための情報補完や構成検討のプロセスが、問いの焦点になることも想定される。

**着眼点**

・示された文章や資料から導くべき「まとめ」が求められているのだから、出題全体を貫く統一テーマを軸に検討する。
→テレビ討論を踏まえ、アンケート結果から得られた考察をもとに、新聞記事の締めくくりとして「編集後記」に何を書くべきかの提案内容が問われている。

設問要求をしっかり押さえて選択肢の検討に入るが、会話文形式の選択肢の場合には、それまでに読み取った文章や資料の記述を一般化して表現したり、発展的な解釈を加えたりしていることがあるので、既出のテクストと同じ語句を用いた選択肢が正解とは限らない。文言の一致・不一致のチェックではなく、選択肢中で触れられる討論の内容とアンケート結果や論考について、〈それを正しく説明しているか〉、〈記載内容に漏れがないか〉という観点で、それぞれの生徒の発言を検証することになる。

**解法のコツ⑤** ……全体的な「仕掛け」―出題者のメッセージ……

「前書き＝出題者による言葉」や【文章】で確認したテーマ・軸となる論点から逸脱した説明は、消去できる。

**解法のコツ⑮** ……関連部分の追い方―関連する資料との照合……

「テレビ討論」、「ニュース番組」、「アンケート」などの情報元を表す言葉や、「勉強」「使い方」「トラブル」といった論点に関連する言葉をヒントにして、照合すべきテクストを判断する。

それまでの議論や検証を踏まえた内容が問われている場合には、複数テクストに通底するテーマと論点を確認し、そこから逸れていないかどうかを判断材料にしつつ、直接的に関連する資料・文章と選択肢の文言を照合しよう。

**選択肢の検討**

①　〈スマートフォンの有害性〉については坂東氏の発言に一致する。また、【資料①】からスマートフォンの使用と勉強との関係についても踏まえた上で、さらに【文章Ⅱ】にない論点（SNSトラブル）を補う提言を行っている。→○

②　【文章Ⅱ】から、スマートフォンが勉強に役立つことは明らかにできていない。また、スマートフォンの用途を限定する提案は【文章Ⅱ】と合わない。なお、「高校生ともなれば自分で計画を立てられる」は、千葉氏が期待をこめて述べているから、「声もあった」と表現しているのは合っている。→×

③　スマートフォンを勉強に役立てたいという夕日高校生の意識については判断の根拠がない。また、アプリの購入を勧めるのは【文章Ⅱ】に合わない。→×

④　夕日高校生のSNSトラブルについて、【資料①】のアンケート結果2には、「友人とのSNSでのトラブル対処方法」が32件と最も多く挙げられていることと矛盾する。→×

⑤　「リスク回避」のみでは【文章Ⅱ】で〈勉強への利用や成績との関連性を分析〉した全体を貫くテーマに合致しない。したがって、「ネットリテラシー」が次の特集のテーマとしてふさわしいということも明確にはいえない。→×

このように、①を採用すれば、**これまでに見た資料の内容や分析結果を的確にまとめた**上で、記事の他の部分では触れていなかったが**【文章Ⅰ】の討論で主張されていた、〈ＳＮＳなどを通したトラブル〉について、注意喚起を行う**ことになる。

テレビ討論での議論を出発点として、夕日高校新聞の特集記事を作成することになったのであるから、**【編集後記】**での呼びかけとしては適切といえる。よって、正解は①。

# 第4章　模擬試験

# 論理的文章1

次の文章と図表は、渡邊淳司『情報を生み出す触覚の知性　情報社会をいきるための感覚のリテラシー』の一節である。これを読んで、後の問い（問1〜6）に答えよ。なお、一部表記を改めたところがある。（配点　45）

近年「触覚」という言葉を耳にする機会が多くなりました。しかし、それが意味するところについては、明確なコンセンサスがあるわけではありません。私たちは、皮膚を物体に接触させることで、物体の表面形状や材質、温度を知ることができます。専門的には、この感覚を「皮膚感覚（cutaneous sense）」と呼びます。また、手や足といった身体部位がどこにあるのか、その部位にどのくらいの力が加わっているのか、筋肉や腱の状態についても感じることができますが、これは「自己受容感覚（proprioceptive sense）」と呼びます。そして、皮膚感覚と自己受容感覚を合わせて、身体で感じる感覚一般を「体性感覚（somatic sense）」と呼びます（**表1**）。このような分類の中で、一般的な呼称として、振動の感覚のみ、もしくは皮膚感覚を(ア)セマい意味での「触覚」（英語ではおもにtactile sense）と呼ぶことがありますが、本書では、自己受容感覚や痛みなどの感覚まで合わせた、手の動きや皮膚の接触によって得られる感覚一般を「触覚」（英語ではおもにhaptic sense）とします。

五感の中でも触覚は、視覚（眼）や聴覚（耳）、嗅覚（鼻）、味覚（舌）と異なり、センサーが体中の皮膚に存在し、身体部位によってその感度が大きく異なります。たとえば、数センチメートル離れた二箇所に同時に触れて、それが一点に感じるか二点に感じるかを問い、二点に感じられる限界を調べるテスト（二点弁別課題）を行うと、指先や唇では、二点間の距離が数ミリメートルでも二点に感じられますが、背中では

**表1　触覚の専門的な分類**

| | | |
|---|---|---|
| 体性感覚 | 皮膚感覚 | 圧力、振動、小さな形状、摩擦、温度 |
| | 自己受容感覚 | 位置、力 |

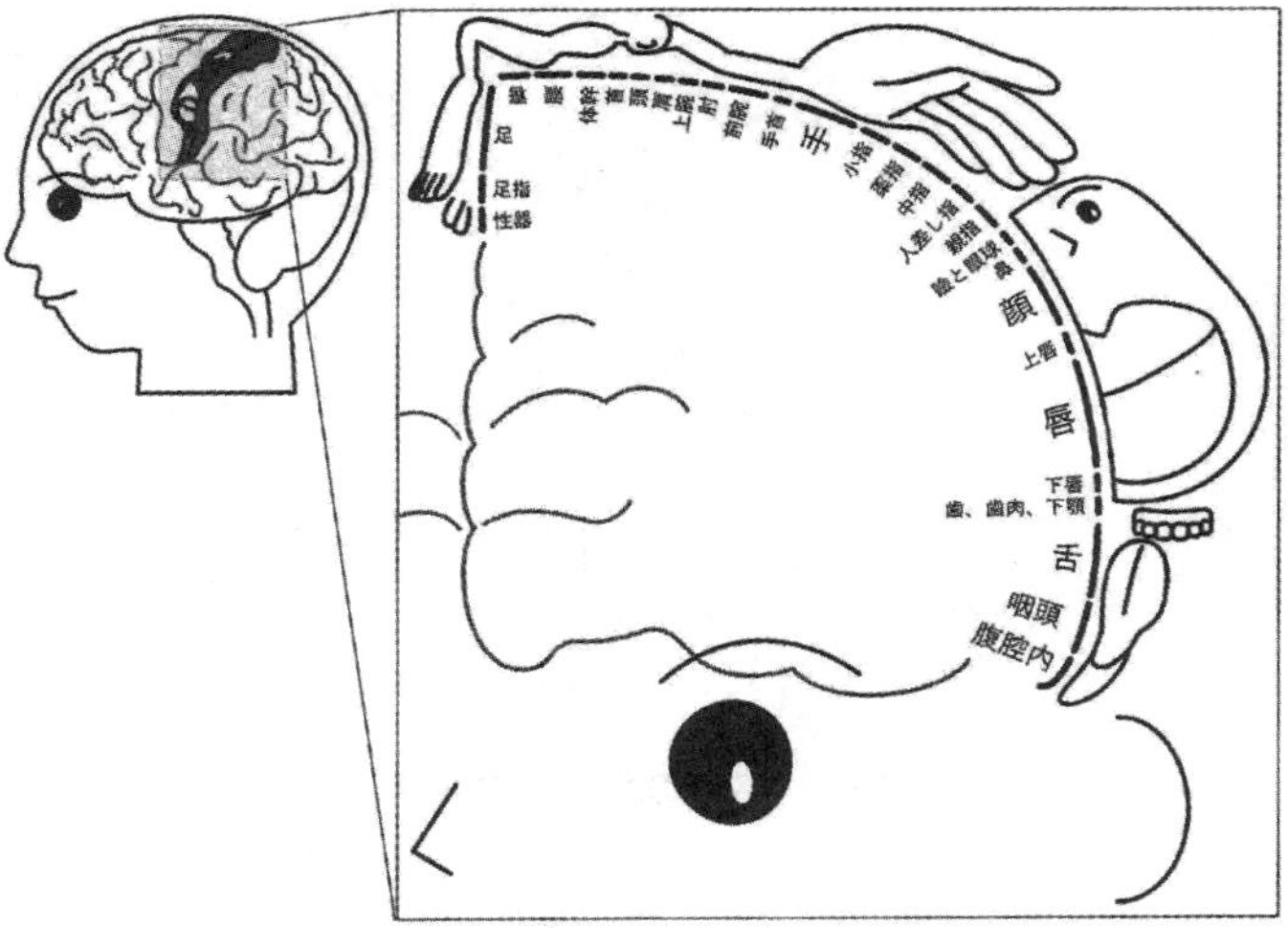


**図１　身体部位とその感覚処理を行う脳の体性感覚野での位置の関係を横から見たもの（左）と正面から見たもの（右）**　体性感覚野は頭頂から耳の少し前にかけて脳の表面に存在している。

五センチメートル離れていても一点に感じることがあります。

このとき単純に、二点弁別の感度が高いところは、触覚のセンサー（受容器）が多く、その処理にたくさんの脳細胞が必要になると考えると、二点弁別の感度が高い身体部位ほど脳の中で処理が行われる面積が大きいということになります。実際、脳の中で触覚の処理を行う「体性感覚野」と呼ばれる部位の「感覚の地図」（身体部位とその部位の感覚処理を行う脳の位置の関係をマップしたもの。**図１**）では、感度が高い身体部位ほど大きな面積を占めています。また、このような脳の「感覚の地図」に合わせて再構成された身体像は「感覚のホムンクルス」と呼ばれ、**図２**のように、感度の高い部位

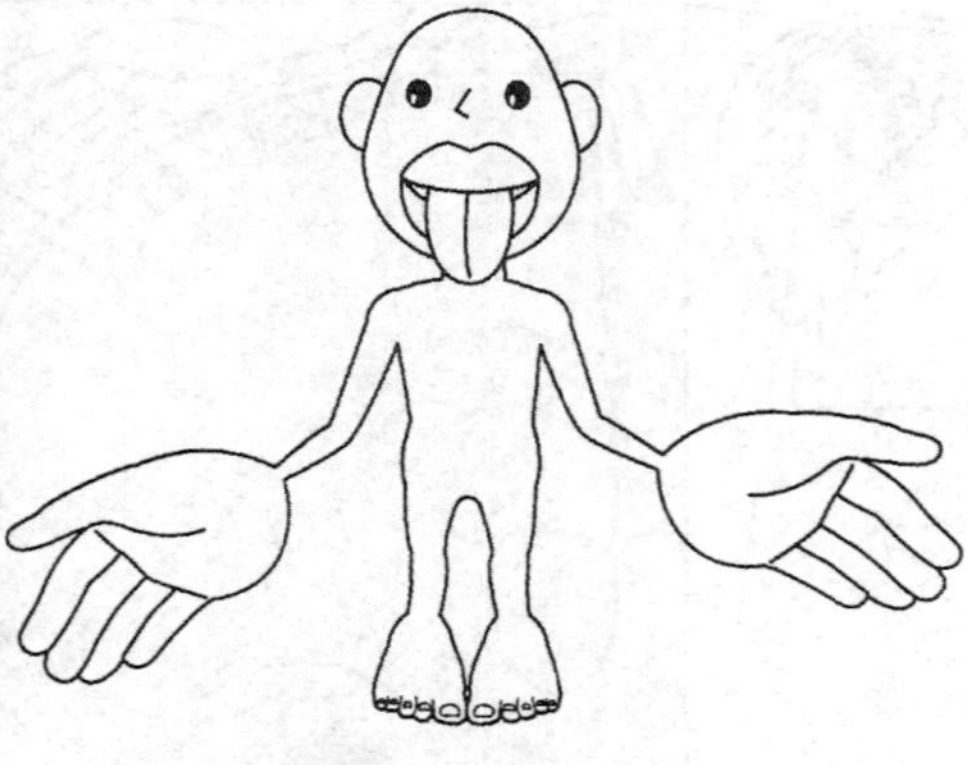

**図２　感覚のホムンクルス**

である、手の指先や唇が大きな人間の姿をしています。これは、普段私たちが目にしている物理的な世界の触覚（皮膚の面積など）と、脳の中で処理されている感覚の世界の触覚は、大きく異なっているということを示しています。

　私たちの触覚は、皮膚の中にある数種類のセンサーからの信号や、筋肉や腱にあるセンサーからの信号が神経を通して脳に伝えられることで生み出されます。たとえば、**図３**は皮膚の中にある圧力や振動を感じるための受容器を示したものですが、皮膚の表面付近、指紋によって生じる淵の周りには「メルケル細胞」や「マイスナー小体」と呼ばれる受容器が存在しています。さらにもっと内部に入ると、「ルフィニ終末」や「パチニ小体」と呼ばれる受容器があります（発見した科学者の名前にちなんで受容器の名がつけられています）。これらはすべて、異なる皮膚変形に反応する特性をもつ受容器で、これらからの信号をもとに、物体の凹凸や粗さ、摩擦といった感覚が生み出されます。さらに、筋肉や腱にある受容器からの信号が組み合わされることで硬さの感覚が、温度や痛みを感じる神経線維からの信

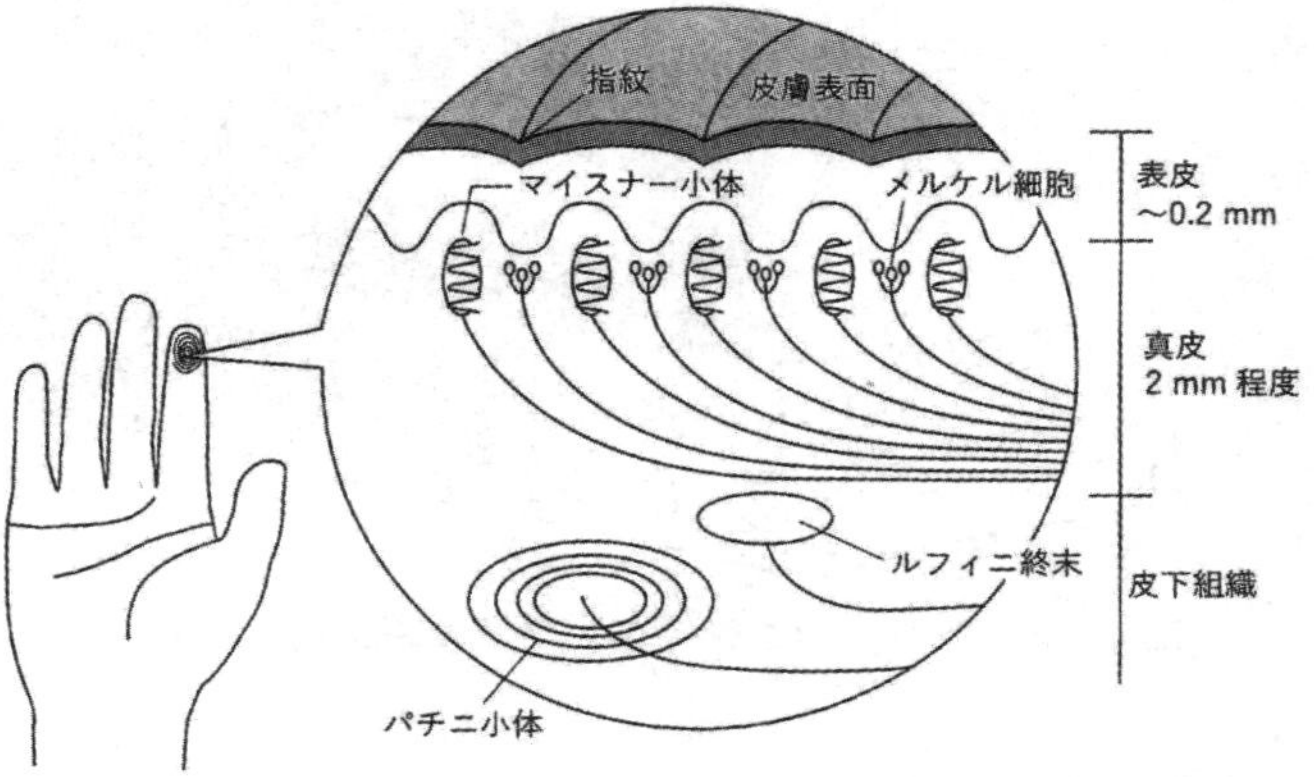


**図3　皮膚内部の触覚の感覚受容器**　受容器の大きさはデフォルメしている。

号が組み合わされることで温かさや冷たさ、鋭さなど、さまざまな表面テクスチャーの感覚を感じることができます。

　また、触覚は環境にある物体の性質を把握するだけでなく、体温の調節や血液の流れといった生存に関連する身体機構や、感情をつかさどる脳部位へつながる神経線維に物理的に作用し、快・不快といった感情に直接的に影響を及ぼします。さらに、誰かの身体に触れる、誰かに身体を触れられるという体験は、触れた対象の性質を知るというだけでなく、触れた側、触れられた側の両方に強い感情の変化を生み出します。このような理由から、近年はプロダクトデザインやインテリアデザイン、ファッションといった分野でも、触覚や触覚的なデザインが注目されるようになりました。

　触覚を人工的につくり出す研究も数多く行われています。普段私たちが、(イ)ケイタイ電話の着信などで感じる振動は、ひとつの触覚提示ということができるかもしれませんが、バーチャルリアリティの分野では、実際にはそこには存

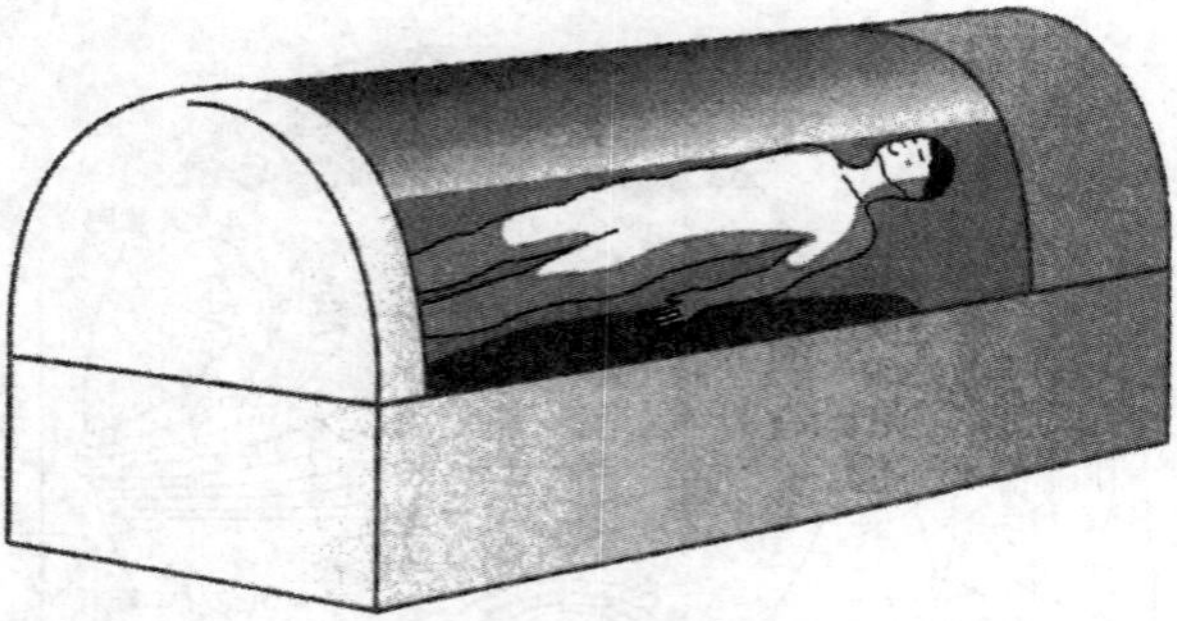

**図４　アイソレーション・タンクでの感覚遮断のイメージ**

在しないものが、あたかもそこにあるかのような精細な触感をつくり出す研究が行われています。これまでに、粗さや硬さ、形状、摩擦、温度の感覚を提示できる技術が開発されています。また、物に触れた感覚を再現することで（ある程度なら）遠い場所へ触感を伝えたりできるようにもなりました。しかしながら、現在のところ、視覚における液晶ディスプレイやプロジェクタ、聴覚におけるスピーカーやヘッドフォンに対応する、私たちが日常目にするような「標準的」といえる触覚提示装置は存在しません。そして何より、これまでの触覚の研究は、感覚そのものを再現することに重点が置かれ、触覚によって別の何かを指し示すという、記号としての特性について議論されることは、ほとんどありませんでした。

　視覚や聴覚が、直接的に身体に影響を与えることが少なく、非接触の対象の認知を目的とするという意味で「非身体的で遠隔の」感覚である一方、触覚は、直接的に身体の状態が変化し、接触によって対象を把握する「身体的で直接の」感覚です。

　「身体的で直接の」性質をもつ触覚は、自分の身体の存在や他者との関係を確かめる感覚でもあります。生まれたばかりの乳児は、目や耳が十分に発達していないので、周りのものに直接手で触れ、母親に抱かれることで、物体や他者の存在を確かめているといえます。乳児だけでなく大人も、自分自身の身体に触れることで、自分と自分でないものを区別し、自身の身体イメージをつくり上げています。

触覚が自分の身体の存在を確かめる感覚であるということを、あえてそれを失うことで実感するという試みも行われています。**図4**のような「アイソレーション・タンク」と呼ばれる装置を使うと、自分の身体の境界が消えてしまうような体験を人工的に起こすことができます。タンク内部に人間が浮かぶ程度の比重で体温に近い温度の液体を入れ、その液体に人を浮かべます。タンク内部には流れもないため、浮かんでいる人は皮膚表面の感覚がほとんど感じられなくなります（自分の肌と液体との境目がわからなくなります）。さらに、タンク内を完全な暗闇、無音にすることで、視覚、聴覚、触覚の入力がすべてなくなります。そうすると、数分のうちに自分の身体が消えてなくなるような感覚になるのです。

このような「感覚遮断（sensory deprivation）」と呼ばれる体験は一九五〇年代に考案され、現在も人間の感覚の研究や心理療法で使用されています。そして何より、自分の身体の境界がすべてなくなったときに感じる(ウ)フユウ感や、ある種の開放感は、普段の生活の中で身体感覚や触覚が自分自身の存在を確かめるうえでどれほど重要な感覚であるかを改めて気づかせてくれます。

また、触覚を失うことで生じる「触れたときに触感を感じない、痛みを感じない」という状況は、それ自体が生命活動に致命的な影響を与えます。たとえば、歩くという単純な運動を考えてみても、足を踏み出したときに生じる足裏からの触覚があってはじめて、踏み出しの運動がうまくいったということを確かめることができますし、踏み出しと足裏の感覚のリズムによって(エ)シュウキ的な運動を継続することができます。さらに、痛みを感じないとすると、自身の身体が危険な状況にある、もしくはすでに損傷があることすら察知できません。このように触覚は、生きていくうえで欠くことのできない感覚といえます。

一方で、日常生活における情報認知や言語におけるコミュニケーションを考えてみると、触覚はどちらかというと補助的な役割を担うものと考えられています。文字を読むのは視覚を通してですし、音声を聞くのは聴覚です。触覚に基づく言語記号は、視覚に障がいをもつ方々が使用する点字や指点字といわれる、特別な方式を除いて存在していません。

情報を入力するということでは、実世界の物体を押したり、動かしたりすることで情報操作を行うインタフェースが提案されていますが、現在のところ、触覚が関連する入力インタフェースのほとんどはタッチパネルに留まっています。近年、急速に広まっているタブレット型コンピュータやスマートフォンは、オン・オフのスイッチ操作の代わりに画面接触や身体動作を利用しているにすぎず、色を組み合わせるように触感を組み合わせて情報を伝達したり、声の(オ)ヨクヨウで感情を表すように、触感に変化をつけてコミュニケーションを行うことはできていません。触覚は人間の生存にとって非常に重要でありながら、情報認知やコミュニケーションにおいては、どちらかというと付加的なものとして考えられているのが現状だといえます。

**問１**　傍線部(ア)〜(オ)に相当する漢字を含むものを、次の各群の①〜⑤のうちから、それぞれ一つずつ選べ。解答番号は［1］〜［5］。

(ア)　セマい　［1］

① スイキョウな行動をとる
② ダキョウ点を見い出す
③ ヘンキョウな考え方
④ 山奥のキョウコクを訪れる
⑤ 犯行の動機をキョウジュツする

(イ) ケイタイ **2**

① 社会にケイショウを鳴らす言葉
② 非常食をケイコウする
③ アメリカをケイユする
④ 自然のオンケイを受ける
⑤ フランス文学にケイトウする

(ウ) フユウ **3**

① 生活にヨユウがある
② ユウビな振る舞い
③ ユウソウな祭り
④ 事態の悪化をユウリョする
⑤ ヨーロッパのギンユウ詩人

(エ) シュウキ **4**

① 一つの時代がシュウエンを迎える
② シュウモクを集める出来事
③ シュウトウな準備をする
④ 労働の対価にホウシュウを得る
⑤ 小さなことにシュウチャクする

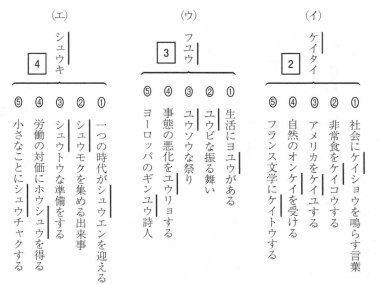

(オ)　ヨクヨウ　5

① コウヨウ感に包まれる
② ジヨウに富む食品
③ カンヨウな態度をとる
④ 彼はボンヨウな人物だ
⑤ 突然の事態にドウヨウする

**問2**　文章全体の内容に照らした場合、**表1**の「体性感覚」はどのように説明できるか。最も適当なものを、次の①～⑤のうちから一つ選べ。解答番号は 6 。

① 体性感覚は触覚全般を指すものであり、自分の位置や状況を確認する自己受容感覚を基準として対象の状態を認識するための皮膚感覚が機能する。

② 体性感覚は人間の生存に不可欠なものであり、対象を直接的に把握する皮膚感覚と自分の身体の状況や存在を確認する自己受容感覚とを含む。

③ 体性感覚は物体と皮膚との接触や身体の動きにより得られるものであり、対象認知のための皮膚感覚と情報認知のための自己受容感覚からなる。

④ 体性感覚は感覚全般を指すものであり、対象を把握する皮膚感覚と五感を総合して自らの位置や力を把握する自己受容感覚とに大別できる。

⑤ 体性感覚は五感の中でも直接的な感覚であり、皮膚の中にある受容器を通じて得られる皮膚感覚と脳で処理される自己受容感覚とに分けられる。

**問3** **図1**・**図2**・**図3**の説明として最も適当なものを、次の①〜⑤のうちから一つ選べ。解答番号は **7**。

① **図1**は、触覚に関する情報を発信する脳の中の部位を各身体部位ごとに示したもので、これを人間の形に再構成して二点弁別の高い身体部位を強調したものが**図2**である。**図3**は、**図1**から発信された信号を受け取る受容器の構造を視覚的に表現したものである。

② **図2**は、物理的な世界の触覚と感覚の世界の触覚との差異を強調して描かれた人間であり、**図3**は、物理的な世界の触覚に関わる皮膚内部の受容器を模したものである。**図1**は、感覚の世界の触覚に関わる脳内の構造を、**図2**を分解して視覚的に表現したものである。

③ **図2**は、感度が高い身体部位を強調して再構成された人間である。**図3**は、皮膚の表面部に近いほうが受容器が多く感度が高いことを示しており、**図1**は、皮膚の接触によって受信された感覚情報が脳のどの部分で処理されているかを視覚的に表現したものである。

④ **図3**の受容器の量は身体部位によって異なり、受信した信号を脳で処理する際の面積は、**図1**のように身体部位によって異なる。**図1**を人間の身体の形状に即して再構成した**図2**は、身体部位による感度の差を視覚的に表現したものである。

⑤ **図3**が示す指先の受容器と脳によって触覚は処理される。**図1**は、各身体部位で受容した触覚を処理する脳の位置を示したものであり、**図2**は、脳で処理する情報量が、指先の受容器で処理される情報量に比べて少ないことを視覚的に表現したものである。

**問４**　**図４**のアイソレーション・タンク内部にいる人間の状態の説明として最も適当なものを、次の①～⑤のうちから一つ選べ。解答番号は **8** 。

① 日常生活における身体感覚の制約から解かれている状態。
② 自分の存在感が失われて生命の危機を感じている状態。
③ タンクの外部から物理的に隔絶されて孤独を感じている状態。
④ 自分の身体がタンク全体に拡充しているように感じている状態。
⑤ 身体感覚の喪失を機に自分自身の存在を再確認している状態。

**問５**　触覚と比較した場合、視覚や聴覚にはどのような特質があるか。本文全体を踏まえた説明として適当なものを、次の①～⑥のうちから**二つ**選べ。ただし、解答の順序は問わない。解答番号は **9** ・ **10** 。

① 日常生活における言語に限定して活用される。
② 遠隔にある対象を、身体の特定の器官を通じて把握する。
③ 文字や音声の認知などの役割を広く担う。
④ デザインとして利用される機会が少ない。
⑤ 感情に訴えかけるものではなく、情報認知に利用される。
⑥ 人工的につくり出すことも、目に見える形で示すことも難しい。

**問６** 触覚を用いた情報認知やコミュニケーションの課題や限界について議論した場合、文章全体を踏まえて成り立つ意見はどれか。最も適当なものを、次の①～⑤のうちから一つ選べ。解答番号は 11 。

① 触覚は視覚や聴覚に比べてはるかに複雑な情報を伝達するが、直接的な接触を必要とするという限界がある。情報の認知やコミュニケーションを広範囲に行うためには自分自身と接触していない対象への伝達が不可欠であるため、触覚による情報認知やコミュニケーションを行うためには、遠隔地に触感を伝える研究の進展が望まれる。

② 触覚によって情報を認知しコミュニケーションを行う方法としては、すでに点字や指点字がある。しかし、これらを理解してコミュニケーションを行える者は限られているため、触覚による情報認知やコミュニケーションはあくまでも補助的なものにとどまっている。今後は、触覚によるコミュニケーションの機会を増やすことが求められる。

③ 触覚は触れる側の強い意識が込められるものであり、何らかの伝達機能をもっている。しかし、情報を認知しコミュニケーションを行うには言語記号のように自己と他者が同じ意味を共有できる必要がある。現時点では触覚は特定の意味をもつ記号として十分に機能していないため、情報として伝達したり認知したりすることが難しい。

④ 触覚のセンサーは体中の皮膚にあり、それを脳の中で処理している。触覚は、人工的に再現し遠隔地へも伝達できるようになったものの、記号としての役割を十分に担っているとは言いがたい。触覚の受容の仕組みや脳の構造の解明が行われない限り、触覚による情報認知やコミュニケーションを実現することは困難だという限界がある。

⑤ 触覚や触覚的なデザインが注目されている現在において、触覚による情報認知やコミュニケー



模擬試験 論理的文章１

ションが行われる可能性は増している。しかし、触覚に基づく言語記号や情報入力の手段は限られている。この背景には触覚による情報認知やコミュニケーションに対する一般の人々の関心が低いという現状があり、触覚への関心の向上が必要とされる。

# 論理的文章２

次の【文章Ⅰ】・【文章Ⅱ】を読んで、後の問い（問１～５）に答えよ。（配点　45）

【文章Ⅰ】

私たちは、たとえば、魚の住むはずのないドブ川に釣糸をずっと垂れて、魚が引っ掛かるのを待ち続けている人を見かけたら、そんなことは無意味だからやめなさいと言ってやりたくなるだろう。また、ある人と喫茶店で待ち合わせしていたのに、その人から急用ができて行けなくなったと連絡が入ったら、自分がそこにいる目的は失われ、これ以上待つことは意味がないと知らされる。さらに、たとえば、ある議題をめぐって議論しているうち、論点の対立が非常に狭い枝葉末節に入り込んでしまったのに、それでも双方が(ア)ユズらずに口角泡を飛ばして議論し続けているような時、そんな議論は無意味だからやめようとだれかが提案する。

　このように、人は、ある行動や表現が、他の行動や表現との間の本来あるべき関連性を失ってそれだけとして浮き上がる時、「無意味」とか「無目的」を意識する。ある行動や表現が意味や目的を持つとは、さしあたり、それらが他の行動や表現に従属するような関連を維持しているという以上のことを意味してはいない。しかしその場合、他の行動や表現は、また別の行動や表現に従属する形で関連を持ち、それらは結局、自分自身の生の充足それ自体という究極目的に帰着するような連鎖構造を形作っている。

　ところで、これらの行動や表現に意味が感じられるか感じられないかの区別の意識は、それらが比較的短時間、短距離の範囲に枠づけられていて、それ自体としては断片的で瑣末な行動や表現である場合ほど、顕著に、明確に現れやすい。

　たとえば、何時何分のバスに乗り遅れまいと思ってバス停に急いでいる時、そのバスが自分のかたわらをとおり過ぎてしまえば、急いでいる自分の行動の意味は一挙に失われる。Aこういう場合の「意味」や「無意味」は非常にくっきりとした輪郭を持ったものとして意識される。バスに乗り遅れるなどということは、長い人生から見ればたいしたことではない（という反省があとからは可能である）にもかかわらず、現にその枠に規定されて行動している自分にとってはほとんど絶対的な目的意識あるいは目的感情を伴っている。

これに対して、たとえば、二年先の大学合格を目指して受験勉強に励んでいるような場合は、なるほど観念のうえではその行動の目的は明瞭だが、あまりに先のことであるために、しばしばその目的意識あるいは目的感情は、頼りないおぼろげなものになりがちである。自分は本当にこの大学に行きたいのだろうか、大学に行って何をしようとしているのだろうかなどという疑念が頭をもたげてくるのを抑えることができない。

このことは何を示しているだろうか。もともと意味や目的の意識というのは、生物体としての人間にとって、ごく目先の行動を(イ)スイコウしてゆくプロセスにつきまとう意識だったということをあらわしてはいないだろうか。そのかぎりでは、猿が枝の先にぶら下がるリンゴをほしいと思った時にいろいろな行動を取ろうとして、それらの行動に「意味」を見出しているのとほとんど変わらない。

「意味」とか「目的」とか「〜のために」という観念は、人が現にとっている行動や表現と、その向かう終局点との間の距離を、何らかの理由で意識せざるをえなくなった時に発生する。バスに乗り遅れまいと懸命に走っている人は、たとえば走りながら疲れを感じて、その走りの過激な様子にふと疑いを抱いてしまった時などに、「自分はいったい何のために走っているのか」ということを意識する。また、めでたく間に合って努力が(ウ)ムクわれたと喜ぶ時などに、「何のために走ったか」が意識され、意識されると同時にこの問いが満たされるのを感じる。このように、意味や目的の意識とは、ある行動や表現の外側に出て、それらをその終局点の見地から対象化し、他の行動や表現に関連づけることである。

だが人間は、自己意識を極端に発達させた動物である。自分の行動や表現にまつわる意識や感情を積み重ねて意識の次元を高次化させ、いわば意識についての意識とか、感情についての意識といったものを獲得してしまった。この場合に即して言い換えると、人間は、「意味」や「目的」の意識それ自体を独立して心の対象として扱うことを覚えてしまった。

さてこうなると、「意味」や「目的」は、自分の身体的、刹那的な行動範囲を超えたあらゆる観念の対象に適用することができる。人は、至る所に「これには何の意味があるのか」「これは何の目的で行われるのか」というような詮索のまなざしを投げるようになる。

実際、人間の想像の能力も記憶の能力も巨大なものとなったし、またそのおかげで未来の行動をあらかじめ構成する能力も、身体の届く範囲を超えて飛躍的に拡張された。「意味」や「目的」の意識の自立は、そのことに見合っていたと言えるだろう。そのかぎりではそれは必ずしも不要な拡大ではなかった。しかし「人生全体」といった包括的な観念に対してまで意味や目的を求めるに至って、B そこに一つの転倒が起きたのである。そのつどの行動や表現をそのつどの意味や目的によってつなぎ合わせた連鎖のタイ(エ)ケイであるはずの「人生全体」の観念に、人は意味や目的の観念を適用しようとしてしまったのだ。

意味とか目的の意識とかは、本来、そのつどの行動や表現を支える機能を持っていただけであって、「人生」とか「生きる」とかのあまりに抽象的で大きなシャ(オ)テイを持った観念に適用するには向かないのである。また、意味や目的の意識とは、行動や表現をその終局点の見地から対象化することであると見なすなら、一方で人生の終局点が死であることを人間は知ってしまっているのであるから、人生全体の意味や目的は死に他ならないということになりかねない。

このように、人生の個々の断面や場面の意味や目的は、人生の内部にだけあってその外に出ることができない。したがって人生全体をその外側の何かに関連づけうるような、そういう他の「何か」などは存在することができない。

だから人生そのものに「意味」や「目的」などを求めるのはもともと無理なのであり、要するに人生には「意味」も「目的」もありはしないのである。人生に初めから何か意味や目的があると考えることは人間に特有の、そしてその本性にいかにも見合った錯覚である。この事実は論理的には絶対に否定できない。

（小浜逸郎『なぜ人を殺してはいけないのか』による）

**【文章Ⅱ】**

「何のために生きているの？」と聞かれたら、あなたはどう答えるだろうか。仕事で成功して自分の幸せをつかむためだろうか。あるいは社会に貢献して世界をよくするためだろうか。家族の笑顔のためだろうか、それとも、後世に自分が生きた証を残すためだろうか。

私たちの日常生活の中で、哲学的に考え抜くことの重要さが最も意識されやすいのは、このような形で自らの生き方を振り返るときだろう。将来どのように生きていくべきか、これまでの自分の人生は正しかったのか、現在の自分の生き方は自ら誇れるものになっているか、ということを考えようとすると、そもそも自分は何のために生きているのか、人はなぜ生きるのか、といういかにも「哲学的」な問題を考えざるを得なくなる。

生き方について考える哲学の分野としての倫理学では、この問いに対する、古くから人気のある答えが二つある。一つは、「人が生きるのは、幸福になるためだ」というものである。人はみな、幸福になることを目指して生きている。幸福な人生こそが、よい人生である。この答えは単純だが、強い説得力を持っている。「何のために生きているのか」と聞かれて、「自分の幸せをつかむため」と答えた読者は、これに近い考えを持っていることになる。

しかし、この答えに納得しない人もいる。そうした人々が訴えるのは、「我々には人生において幸福とは別に、遂行すべき義務があるはずだ」という考えだ。つまり、人が生きるのは、何らかの義務を遂行するためだ、というのが、もう一つの答えである。ここで「義務」という言葉は倫理学の専門用語として使われているが、この言葉でしっくりこなければ、「使命」や「責務」と言い換えてもよいだろう。人生には、果たすべき使命がある。自分の幸福を犠牲にしてでも追い求めるべき社会的責務や、家族に対する責任がある。このように考える人は、幸福ではなく義務のために生きる生き方に魅力を感じていることになる。

（川瀬和也『ヘーゲル哲学に学ぶ　考え抜く力』による）

**問1**　傍線部(ア)～(オ)の漢字と同じ漢字を含むものを、次の各群の①～⑤のうちから、それぞれ一つずつ選べ。解答番号は［1］～［5］。

(ア)　ユズらず　［1］

① 権限の一部をイジョウする
② 市民のジョウザイを集める
③ ジョウゾウ用のアルコール
④ 人員のヨジョウが生じる
⑤ 農業に適したドジョウ

(イ)　スイコウ　［2］

① スイチョクに交わる
② さまざまなジャスイをされる
③ 視力がスイジャクする
④ スイマに襲われる
⑤ 任務をカンスイする

（ウ）　ムクわれた　3

①　お礼ボウコウをする
②　会議のホウコクをする
③　彼はわたしのドウホウだ
④　ホウソウ局に勤める
⑤　ホウリツの勉強をする

（エ）　タイケイ　4

①　ケイエイ陣に加わる
②　ケイヤクに反する
③　ケイレキを偽る
④　国家百年のタイケイ
⑤　バス路線のケイトウ図

（オ）　シャテイ　5

①　あるテイドのミスは許容する
②　委員会がサイテイを下す
③　ゴウテイを建てる
④　テイネイな言葉を使う
⑤　テイネンを抱く

**問２**　傍線部**Ａ**「こういう場合の『意味』や『無意味』は非常にくっきりとした輪郭を持ったものとして意識される」とあるが、それはなぜか。理由として最も適当なものを、次の①～⑤のうちから一つ選べ。解答番号は 6 。

①　ある行動や表現についての意味の意識は、観念のうえで目的を明瞭に意識しているだけでは頼りないものになりがちだから。
②　ある行動や表現の意味は、短時間・短距離の範囲に枠づけられている断片的で小さいことほど顕著に現れやすいものだから。
③　ある行動や表現の意味は、それが従属する他の行動や表現との関連を失ってしまえば同時に失わ

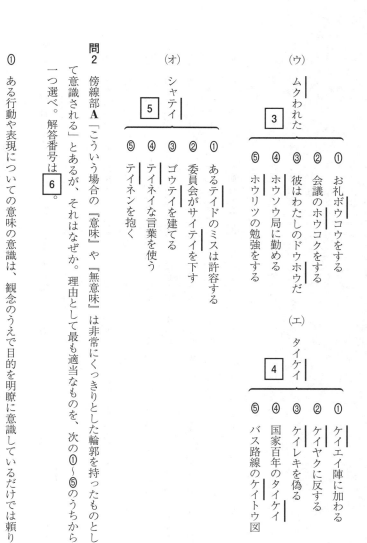

れてしまうものであるから。

④　ある行動や表現は、急いでいると他の行動や表現との間の本来あるべき関連性を失ってそれだけとして浮き上がりやすいから。

⑤　ある行動や表現を枠づけているものは、現にその枠に規定されて行動している人にとっては絶対的なものとして意識されるから。

**問３**　傍線部**Ｂ**「そこに一つの転倒が起きたのである」とあるが、どのような「転倒」が起きたというのか。説明として最も適当なものを、次の①～⑤のうちから一つ選べ。解答番号は［７］。

①　本来はある行動や表現の外側に出ることによって対象化する意味合いを持つ「意味」や「目的」の意識が、その内側だけのせまいものになってしまったこと。

②　本来は自分の身体的、利那的な行動範囲を超えたあらゆる対象に適用できる「意味」や「目的」が、そのつどの行動や表現に規定されるようになってしまったこと。

③　本来は人生の個々の断面や場面に即して意識されてきた「意味」や「目的」が見失われ、人生には「意味」も「目的」もないと思われるようになってしまったこと。

④　本来はそのつどの行動や表現に即して「意味」や「目的」があるはずなのに、人生全般に関して「意味」や「目的」を意識化するようになってしまったこと。

⑤　本来はそのつどの行動や表現を支える機能を持っていただけの「意味」や「目的」の意識が、逆に「死」という終局点の見地から対象化されるようになったこと。

**問４**　**【文章Ⅱ】**の表現や構成について説明したものとして**適当でない**ものを次の①～⑤のうちから一つ選べ。解答番号は　**8**　。

① 冒頭の問いに対する倫理学における代表的な答えを二つ示しているが、その優劣や筆者自身の見解については明示されていない。

② 身近な話題でも深く考えていくうちに根源的な問いに到達すると示すことで、日常生活の中での哲学的思考の重要性を説いている。

③ 一般的な読者が考えそうな答えを示すことで、難解になりかねない哲学的な話題を身近なものとして捉えさせようとしている。

④ 幸福と義務という二つの概念を用いているが、両者は対立的なものではなく、それらを両立する人生の存在も示唆されている。

⑤ 倫理学の用語や概念が用いられているが、いずれについても専門的に定義することは避け、読者の直感的な理解を促すことを優先している。

**問５**　次に示すのは、**【文章Ⅰ】**と**【文章Ⅱ】**を読んだ生徒らの会話である。これを読んで、後の問い(i)～(iii)について答えよ。

生徒Ｋ：**【文章Ⅱ】**とは違って、**【文章Ⅰ】**では人生には意味も目的もありはしないと断言されているね。**【文章Ⅰ】**の筆者は悲観的な人なのだろうか。

生徒Ｏ：必ずしもそうだとは言えないと思うよ。議論の立て方が**【文章Ⅰ】**と**【文章Ⅱ】**では異なっているよね。**【文章Ⅰ】**では、一般的な行動や表現のそれぞれがもつ意味や目的のありかたを明らかにしたうえで、その定義にもとづいて考えた場合に、人生全体の意味や目的については何がいえるのかを検討しているね。

生徒S：そうそう。筆者によれば、意味や目的の意識は、［　X　］ものだ。だから、終局点が死でしかなく、外側に出ることのできない人生全体には、意味や目的を求めるのは無理だということだよね。

生徒O：その点については僕も理解できたのだけれど、**【文章Ⅱ】**を読んでみると、**【文章Ⅰ】**には、人生の意味や目的を他者や社会と結びつけようとする視点が欠けているのではないかと思ったよ。この視点を導入すれば、**【文章Ⅰ】**による意味や目的の定義に則っても、自分の人生には意味や目的があると考えられる生き方もあるのではないかな。(C)

生徒K：その視点とは、**【文章Ⅱ】**における［Y］のことだね。なるほど。**【文章Ⅰ】**では自分の存在のみを根拠としているから、自分の人生全体の外側に出ることができないことになっているけれど、自分の死後も他者や社会は存在するのだから、そうした存在を根拠とすれば、自分の人生全体の外部というものを想定することができそうだね。

(ⅰ)　空欄Xに入る最も適当なものを、次の①～④のうちから一つ選べ。解答番号は［9］。

① 身体的、刹那的な行動範囲を超えた観念の対象に適用できる
② ある行動や表現を対象化し、他の行動や表現に関連づける
③ 生の充足という究極目的に帰着する連鎖構造を形成する
④ それ自体を独立して心の対象として扱うことができる

(ii) 空欄Ｙに入る最も適当なものを、次の①〜④のうちから一つ選べ。解答番号は 10 。

① 義務
② 幸福
③ 哲学
④ 魅力

(iii) 傍線部**C**とあるが、このように考えることのできる生き方の例として、最も適当なものを次の①〜④から一つ選べ。解答番号は 11 。

① 友人や先生の自分に対する要求を察知し、その通りに振る舞うことによって楽しく高校生活を送ることができたので、大学や会社でも周囲に求められる役割を全うしようと決意している。
② テレビで見たアイドルの輝かしい活躍にあこがれ、自分も多くのファンに囲まれて華やかな生活をしたいと思い、芸能事務所に所属し歌やダンスのレッスンに励んでいる。
③ 有名大学を卒業後、大企業に勤めて安定した生活を送っている同級生と異なり貧しい生活を強いられているが、自身の理論が人類の文明の進歩に寄与すると信じて研究に没頭している。
④ 長時間働き続けることが出世の近道と思い仕事に打ち込んできたが、良い仕事をするためには心身の健康こそが重要だと気づき、栄養バランスの良い食事や安定した睡眠をとろうと心がけている。

# 文学的文章1

次の文章は、佐々木丸美の小説『雪の断章』の一節である。孤児である飛鳥（本文中では「私」）は、名家として知られる本岡家に引き取られるも、虐げられる日々を過ごしていた。耐えかねた飛鳥は本岡家から逃げ出し、縁あって以前大通り公園で親切にしてくれた青年、祐也に正式に引き取られることになり、祐也とその友人の史郎、家政婦のトキらに温かく見守られながら、新しい生活を始める。**【文章Ⅰ】**は、その直後の場面であり、**【文章Ⅱ】**は、数年後、飛鳥が高校に進学した場面である。これを読んで、後の問い（問1～5）に答えなさい。（配点　45）

**【文章Ⅰ】**

新しい学校で友達がたくさん出来た。奈津子（注1）さんのいない教室が信じがたかった。のびのびと発言し遊び勉強した。もう意地悪される心配（注2）はなかった。

「ふうん、そうか。それで、ひっぱたいてやったのか？」

「うん、力いっぱい」

「**a** 気持がよかっただろう？」

「とっても！」

史郎さんは上を向いて大声で笑った。私の頭を大きな手のひらでわしづかみにして左右に振った。

「おまえは筋金入りだ。大きくなったら気の強い娘になるぞ」

二人目の理解者だった。それも、とびきり豪快で（ア）あけすけでくだけた類の。祐也さんは私の言葉に耳を傾けながらも、人に対する姿勢としての戒めを忘れなかったけれど、史郎さんはおかまいなしに、そうだ、その意気だ、という愉快さがあった。奈津子さんが全面的に悪いと言ってくれた瞬間から史郎さんへの警戒の垣根がとれた。全身にしみこんでいる本岡家への怒りを吐き出した。

「その娘は、無茶ばかり言ってチビちゃん（注3）を困らせていたのだな。まるで真冬のマツユキ草さがしだ」

「なあに、マツユキ――？」

「四月に咲く花を、雪の降る日に摘んで来いと言いつけられて森の中をさまよう少女の話だよ」

可哀想に。何てひどいことを言いつけるのだろう。奈津子さんより意地悪だ。

「それでどうしたの？」

「うん？」

「私のように怒って、とび出したの？」

史郎さんはキョトンとしていたけれどすぐに真面目な顔になった。

「とんでもない。言われた通り大きなカゴを持って森の中を一生懸命さがして歩いたんだ。何しろ、マツユキ草を摘んで帰らなくては家に入れてもらえないのだからね」

「ちょっと待って」

「何だい？」

「誰が言いつけたの？」

「意地悪な伯母さんとその娘だ」

「その少女っていくつなの。お母さんやお父さんはいないの？」

「みなし児なんだ。年は、そうだなア、チビちゃんと同じだ、七歳だ」

「みなし児なの、それでわかったわ。伯母さんたちはその少女が嫌いなのね。みなし児はいつも嫌われるもの」

「**b**そんなことはないさ。祐也も俺もトキさんも、それから管理室のおやじさんも、みんながチビちゃんを大好きじゃないか」

私はドキンとして史郎さんを見た。いつも祐也さんが私を見てくれる優しい目と同じ目をしていた。

私も史郎さんが大好きになりそうだ、と思った。窓には雪が静かにぶつかっていた。

「冬にお花なんか咲いているものですか、かわいそうに」

「ところが、その少女はちゃんと見つけたんだよ。カゴいっぱいにマツユキ草を摘んだのさ」

「まさか！」

「本当だよ。少女の願いが神さまに届いて冬に春の花を咲かせてくれたのだ」

そんなことってあるだろうか。神さまにお願いしてかなえられるのなら、私は何度本岡家で訴えたことだろう。でも一度も聞き届けてはもらえなかった。半信半疑でいる私に史郎さんは、これは外国の童話だ、と微笑した。

「その森の奥には十二人の精が大きな焚火《たきび》を囲んで一年に一度の集《あつま》りを開いていたのだ。一月の精、二月の精、三月の精――その時は一月だったから一月の精が高い場所に坐って森を守っていた。少女は暗くなった雪の中をずんずん奥へ歩いて行ってとうとうその焚火を見つけたのだ。

ほんの少しでいいから凍えた体を暖めさせて下さいって頼んだら精達は親切に応じてくれた。そして、たった一人でなぜこんな所へ迷ってきたのか、ここは人間の来られない所だと言ったのだ。少女は正直に、マツユキ草がなくては家に入れてもらえないからこうして探して歩いて来たと答えると、精達はひどく心を痛めた。なぜなら一月から十二月の精はみんなが少女を以前から知っていてとても可愛い子だと話し合っていたから。

少女はたき木を拾いにいつも森にやって来て動物や小鳥や虫たちに優しくしていたのを、ちゃんと見ていたのだ。中でも四月の精が一番、少女を好いていた。マツユキ草の咲くのは四月だった。だから四月の精は一月の精に、ほんの少しの時間だけ場所を代《かわ》ってもらえないか、と頼んでみた。一月の精は、少女がマツユキ草を摘む時間だけ、と約束して交替してくれた。すると、たちまち雪が溶けて、そよ風が吹いて緑の草が生えてきた。少女は喜んで夢中でマツユキ草を摘んだ」

ああ、よかった。ホッとして胸を撫でた。雪だらけになって暗い森をさまよう少女が想像できた。その心細さは、寒い大通り公園でベンチにうずくまった自分と同じだから。史郎さんは煙草を一本取り出して火をつけた。よかった、という言葉に笑いながら A頷いた。

「それからは伯母さん達、意地悪しなくなったの？」

「いや、少しも変《かわ》らないのさ」

「ひどいのねえ。じゃ、ずっと不幸なのかしら」

「それもちがう。少女はね、四月の精に愛されていたんだ。四月の精は若い強い青年だったからね」

「すてき！　少女も四月の精を好きになったのね」

「うん、大人になって少女はきれいな花嫁になるんだ。安心したか？」

私は大きく B頷いた。少女が四月の精に好かれたのは、動物や小鳥たちを愛していたからだ。自分が伯母さん達にいじめられているのに森の仲間たちには親切心や優しさを注いでいたのだ。意地悪されてもなお心に余裕があったのだろうか。真冬に咲くわけのないマツユキ草を摘めと言われても怒らずにマツユキ草を探したのか。すねて森をさまよったのではなく一生懸命に探したのか。ない物を無心に信じて探すけなげさが神に届いたのだろうか。神はそうした無欲な(イ)ひたむきさのみに力を貸すのだろうか。

少女は強い、と思った。私とはちがった面での力強さが確かにある。私は本岡家で何ものも愛せなかった。広い庭には季節の虫や花がいた。雨も雪も私にしてみれば一つの生き物だった。学校の行き帰りには小犬もいたし、学校には鳥も魚もいた。しかし私は、そのうちのどれにも心を傾けた覚えはない。ただ感情のない、いじめられることも、いばられることもない自然のままに生きている姿を羨《うらや》んだ記憶はあるけれど。少女が、もし私のように森の動物達をうらやましがるだけで終《おわ》っていたら四月の精もまた、少女を好きにはならなかったと思う。自分の強さと自分の愛は、いつかは自分の幸福へ導くものなのかもしれない。ふと、考えがよぎった。祐也さんに逢えたのは、すさみきっていた心にたったひとりの人を恋《こ》う素直さだったための褒美かもしれない、と。だんだんにぬくもりを感じてくる身体を不思議だと思った。祐也さんやトキさん、それに史郎さんに諭《さと》されなくても、自分から素直で強い人間になれるような気がしてきた。

　窓の枠をつつみながら雪がしんしんと降り続く。雪はどうして白く冷たいのか、すぐに凍りついてしまうのか、すぐに物を埋めてしまうのか。雪は、すべてのものの始めではないだろうか？　白い色はどんな色にも染められる。冷たさは暖めることも、それ以下に冷やすことも出来る。小さなひとひらは油断していると、どんどん何でも隠してしまう。

　そうなのだ、雪は出発点だ。祐也さんと公園で逢った時も私は雪を見ていた。何より本岡家をとび出した時も雪が降っていた。あの時私は、祐也さんに向かって、新しい生活に向かって走り出したのだ。そして今、新しい自分の考え方と愛のあり方を、こうして窓の雪を見て自覚した。しかも雪の中をさまよった少女の強さを媒介として。

**【文章Ⅱ】**

　私はB組になった。たくさんのクラスメートの中からよい友達を探そう。祐也さんと史郎さんのような大人になってもつき合ってゆけるような人を。こんな新鮮な胸のふくらみが次の瞬間に打ち砕かれてしまった。知っている顔が制服姿の中に混《まざ》っていた。眠っていたものが私の内部でたちまち再燃した。奈津子さんがいたのだ。

　雪の中を少女は歩いた。森は暗く遠く狼の声が聞こえる。それでも、マツユキ草を求めてとぼとぼと歩いた。

　気まぐれで我ままな王女さまが、マツユキ草を摘んできた者には金貨を与えると言ったために、欲ばりな伯母さんと娘が大きい籠いっぱいにマツユキ草を摘んで来いと言いつけたのだ。

遠くに火が見えた。少女は恐いと思わなかった。それは希望の灯だった。

十二人の月の精が焚火を囲んで詩《うた》っている。ああ可愛い少女だ、こちらへ来て暖まりなさい。君が森の動物や小鳥をいたわってくれたお礼だよ。ありがとう、十二人の精の皆さん、私はマツユキ草を探さなくてはなりません、さようなら。

お待ちよ、可愛い娘さん、マツユキ草は僕があそこに坐らなければ咲かないよ。今は一月の兄さんが坐っている。次は二月の兄さん、次は三月の兄さんだ。ええ知っています。でも私は今摘まなくてはいけないのです。王女さまが今すぐに欲しいと言うのです。だから伯母さんも今すぐに欲しいのです。伯母さんは金貨がほしいのです。

四月の精は心を痛めた。少女のためにマツユキ草を贈りたいと思った。一月の兄に席を一時間だけくださいと頼んだ。一月は静かに立ち上《あが》った。

森の片隅に春が届き少女はシューバ(注4)を脱いだ。素足で若草を踏み、小鳥のさえずりに梢をふりあおぐ。籠の中はたちまちマツユキ草でいっぱいになった。

ありがとう四月の精のお兄さん。私はあなたのことを忘れません。僕も忘れたりしないよ、ほら指輪をあげる。困ったことがあったらそれで僕を呼びたまえ。きっと救いに行くよ――。

少女は家へ帰るとマツユキ草を渡した。けれどどうして摘んだかは決して言わなかった。しかし我ままな王女さまと意地悪な伯母さんにせきたてられて再び森の案内役にされてしまった。たくさんの兵士を連れてマツユキ草狩りが開始された。道のわからない少女に腹を立てた王女さまは大切な指輪を取りあげて雪の中へ捨ててしまった。少女は必死になって四月の精を呼んだ。森は十二の月が入り乱れて荒れ、権力を誇る者たちを苦しめた。意地悪な伯母さんと娘を醜い犬に変えて、王女さまのシューバや靴を取りあげ、弱虫な兵士達を逃がしてしまった。寒い森の中では金貨も権力も何の役に立たないことを悟り王女さまは改心に目覚めていく。四月の精は少女に雪よりも白いシューバを着せ再び指輪を与えた。もう決して失くしてはいけない、僕が迎えにゆくまでは、と。

少女はしっかりと指輪を抱いて、雪の森へ別れを告げた。

（マルシャーク「森は生きている」）

年月こそ過ぎたけれど昔の面影は残していた。相手もギョッとした様子だったけれど何も言わないのでこちらから話しかけることもないと思った。性格は変《かわ》ってないらしく、いつも取り巻きを従えていたし美しい(ウ)あでやかな笑顔で男子生徒や先生に接していた。

（注）１　奈津子――本岡家の令嬢で飛鳥をいじめていた。祐也に引き取られるまでは、学校でも奈津子と同じクラスであったため、飛鳥は家でも学校でも気が休まることはなかった。

２　ひっぱたいてやった――ある雪の降る夜に、奈津子の理不尽な要求により生じたいさかいの末に、奈津子に頬を打たれた飛鳥が奈津子の頬を打ち返したことをいう。

３　チビちゃん――飛鳥のこと。史郎は飛鳥をこう呼ぶ。

４　シューバ――防寒用の毛皮の上着。

**問1** 傍線部(ア)～(ウ)の本文中における意味として最も適当なものを、次の各群の①～⑤のうちから、それぞれ一つずつ選べ。解答番号は 1 ～ 3 。

(ア) あけすけ 1
① 言動や態度がはっきりしていて、遠慮のない様子
② 言動や態度が明るく元気で、裏表のない様子
③ 言動や態度が誠実だが、おとなしい様子
④ 言動や態度が素直だが、心の中はわからない様子
⑤ 言動や態度が几帳面で、周囲に配慮できる様子

(イ) ひたむきさ 2
① 周囲のことを考えずわが道をいく様子
② 悲壮感をもってふるまう様子
③ 一つのことだけに熱中する様子
④ 感情を抑えて物事に取り組む様子
⑤ 控えめに行動して目立たない様子

(ウ) あでやかな 3
① 容姿や仕草に幼さがある
② 容姿や仕草が華やかな
③ 容姿や仕草に愛嬌がある
④ 容姿や仕草が派手で注目を集める
⑤ 容姿や仕草が大人びている

**問２**　波線部**a**「気持がよかっただろう？」及び波線部**b**「そんなことはないさ。」という史郎の発言を飛鳥はどのように受け止めているか。その説明として最も適当なものを、次の①～⑤のうちから一つ選べ。解答番号は［４］。

①　**a**では自分の行動を褒めてくれていると感じ、**b**では自分を優しく見守ってくれていると感じていて、どちらも心から信頼を寄せる祐也と同じ態度であるため安心している。

②　**a**では祐也のように真摯な態度で自分の行動を肯定してくれていると感じ、**b**では自分の不安を一蹴してくれていると感じ、自分を気遣ってくれる優しさに感謝している。

③　**a**では祐也と異なり露骨すぎる物言いをするため違和感を覚えているが、**b**では祐也と同じようにこちらから愛情を抱いても良い人物だと理解して、親近感が増している。

④　**a**では祐也と異なる類の率直さで自分を理解してくれる存在だと感じ、**b**では祐也と同種の愛情を自分に注いでくれる存在だと感じ、いずれからも深い信頼感を覚えている。

⑤　**a**では祐也とは違い戒めることなく自分を全肯定してくれていると感じ、**b**ではさらに祐也のような優しさをも感じることができたため、淡い恋心さえ抱き始めている。

**問３**　傍線部**A**「頷いた」について、史郎はどのような思いを抱いていたか。また、傍線部**B**「頷いた」について、飛鳥は話の結末を聞いてどのように感じたか。それらの説明として最も適当なものを、傍線部**A**については【Ⅰ群】の①～④のうちから、傍線部**B**については【Ⅱ群】の①～④のうちから、それぞれ一つずつ選べ。解答番号は［５］・［６］。

【Ⅰ群】 5

① つい先程まで、少女が本当に冬にマツユキ草を摘めるのかと疑っていたのに、それを忘れて物語の展開に熱中している飛鳥の無邪気な様子をほほえましく思っている。
② 自身と少女の境遇に重なる部分を感じたためか真剣に物語を聞いていた飛鳥が、少女が報われたことを知って思わず安堵の声を漏らす様子をいとおしく感じている。
③ 苦難に遭いながらもマツユキ草を摘む少女の姿や心情を、過去の自分になぞらえて鮮明に想像している飛鳥の様子を眺めながら、幼いのに理解力があるものだと感心している。
④ 自分と同じような不安を抱えていた少女がマツユキ草を摘んで幸せになったという話を聞いて安心する飛鳥を見て、飛鳥を幸せにしてあげようと決意を固めている。

【Ⅱ群】 6

① 少女が四月の精の花嫁になるという結末を知り、少女と同じように自然を愛する気持ちを持ち続けてきた自分なら、いつか祐也と結ばれるかもしれないと期待している。
② 四月の精に愛されてその助けによって幸せになった少女のように、祐也や史郎から深い愛情を注がれている自分も、彼らの助言に従えば幸せな人生を過ごせるだろうと安心している。
③ 少女が最後には幸せになれるという話を聞いて、けなげさと優しさとをあわせもつ少女に尊敬の念を抱いたが、自分は少女のような素直で強い人間になれるか不安を覚えている。
④ 少女が四月の精と結ばれるという結末に満足するとともに、悲惨な境遇に置かれても優しさを失うことのなかった少女の強い生き様に感心し、刺激を受けている。



模擬試験 文学的文章1

**問４**　**【文章Ⅰ】**で史郎が語っている物語（**X**）と、**【文章Ⅱ】**で引用されている「森は生きている」（**Y**）とは同じ内容の物語であるが、一部の描写や構成に違いがある。その違いとそこから生じる効果についての説明として最も適当なものを、次の①～⑤のうちから一つ選べ。解答番号は 7 。

① **Y**では、四月の精が他の精に比べて少女に特別な心情を抱いているような描写は見られないが、**X**では、四月の精と少女との間の恋愛感情が強調されており、多感な年頃の飛鳥が話に熱中する原因の一つとなっている。

② **Y**で表現されている森やそこに住む精たちは、誰であれ構わず猛威を振るう自然の象徴としても描かれているが、**X**ではそうした自然の暴力性は排除されていて、幼い飛鳥に話を聞かせる史郎の配慮が感じられる。

③ **X**・**Y**ともに、マツユキ草を摘むように伯母たちが命じたことが示されるが、**X**ではマツユキ草を探せなかった時に受ける仕打ちや少女の境遇が具体的に描かれることで、理不尽さも強く伝わり、飛鳥の共感を生みやすくなっている。

④ **X**では、飛鳥がイメージしやすいように、もっぱら少女の視点からのみ物語が語られているが、**Y**では、少女、四月の精、王女、と様々な登場人物の視点から物語が描かれており、その視点の多さが話に奥行きをもたらしている。

⑤ **X**では、伯母たちは最後まで意地悪なままであるため、人生の不条理さばかりが印象に残ってしまうが、**Y**では彼女らが醜い姿に変わるという勧善懲悪的な場面も描かれており、道徳意識の重要性が強調されている。

**問５**　**【文章Ⅱ】**の構成とその効果について説明したものとして、適当なものを次の①〜⑥のうちから**二つ**選べ。ただし、解答番号の順序は問わない。解答番号は **８**・**９**。

①　かつて飛鳥をいじめていた奈津子との再会は、飛鳥の高校生活がうまくいかないことを予感させる。しかし、わがままだった王女が改心するという内容の童話が挿入されることで、奈津子もかつての自身の行動を後悔しており、本心では飛鳥と和解したいと望んでいることが暗示されている。

②　飛鳥は高校で生涯にわたってつきあえる友達を探そうと胸を弾ませている。しかし、飛鳥をいじめていた奈津子の、昔と変わらない容姿と性格の描写や、結局四月の精とも別れることになってしまったという童話の結末は、飛鳥の望みは決して叶わないことを読者に想像させる働きをもっている。

③　奈津子との再会は、飛鳥の高校生活の前途多難さを読者に示唆するものである。しかし、苦難に強く立ち向かう少女の姿と、飛鳥にとって出発の象徴といえる雪景色とが描かれる童話の挿入により、飛鳥が自らの力で高校生活を良いものにしていくという希望も同時に提示されている。

④　飛鳥と奈津子の再会は、高校に入学した直後の出来事のため、小説中の季節は春である。しかし童話の挿入により、暗くて寒い雪の森の情景が鮮明に映し出されることで、飛鳥の心は本岡家で虐げられていたかつての悲しい記憶に依然として閉ざされたままであることが読者に印象づけられる。

⑤　飛鳥と再会した奈津子の容姿や性格は以前と変わっていない。しかし、醜い犬に姿を変えられる意地悪な伯母や娘が描かれる童話がその描写の直前に挿入されることによって、奈津子の境遇や飛鳥との関係が、幼少期とは異なったものになるかもしれないという話の展開を予想させる。

⑥　過去に因縁のある飛鳥と奈津子の再会は物語の劇的な展開を予想させる。しかし、「雪の森へ別れを告げた」という童話の最終文は、「何も言わないのでこちらから話しかけることもないと思った」という表現と響き合い、二人が今後一切交わりをもたないことになるという運命を示唆している。

## 文学的文章2

次の文章は、宮本輝の小説『優駿』の一節である。和具久美子は、オラシオンと名づけられた競走馬の馬主である。砂田重兵衛調教師の指示のもと、オラシオンは主戦騎手・奈良五郎を背に、目前に迫った皐月賞に向けて調教を積まれていた。これを読んで、後の問い（問1～5）に答えよ。（配点　45）

**【文章】**

調教コースの入口近くで、いま追い切り(注1)を終えたばかりの馬が横に並んだ。その関東馬の背には、奈良よりも三期先輩の高野真一が乗っている。

「こんな化け物と一緒に走るのはいやだなァ」

高野はゴーグルを顎《あご》の下にずらして話しかけてきた。

「あんまり型どおりに勝ちすぎるから、皐月賞(注2)では、ひっかきまわしてやろうかと思ってんだ」

「そんな怖いことやめて下さいよ」

奈良も笑って応じたが、型どおりに勝ちすぎるという言葉は奈良を萎縮させた。

「俺《おれ》は、お前の馬のあとから行っても勝てねェんだから、逃げるしかねェよ。つかまったらそれまでだ。逃げて逃げて逃げまくるさ」

調教コースを出て、ともに馬から降り、二、三歩行ったところ、高野真一は、

「このまま、こっちにいつづけるんだろう？」

と訊《き》いた。

「いいえ。土曜日には阪神(注3)で四鞍乗るんです。そやから、きょう中に栗東《りっとう》(注4)へ帰らんとあかんのです」

「じゃあ、土曜日に、またこっちへトンボ帰りか？」

「ええ」

「俺んちで、昼飯を食っていけよ」

高野は、記者たちが寄り集まって来たので、小声でそう言ったが、口調には強引なものがあった。

「待ってるから」

高野は、記者たちに、

「**A**俺になんか用はないでしょう？　こいつの馬だけ見てりゃいいよ」

と大声で言って、奈良を指差した。テレビカメラが近づき、マイクを突きつけられた。

「追い切りの感じは、どんなものでした？」

と取材のアナウンサーが質問してきた。

「仕上がりました」

とだけ奈良は答えた。それ以上に適切な答えはないように思った。

「ここ数年、関西馬は総崩れですけど、ことしは、オラシオンで一泡《あわ》どころか四歳（注5）のクラシックを全部勝ってもらいたいっていうのが、関西のファンの胸の内じゃないかと思うんですが」

「競馬ですから、やってみないと判りませんよ。だけど馬の調子は文句がありません」

テレビカメラは、引きあげていくオラシオンに移り、マイクは砂田に向けられた。記者たちがしつこく追って来た。

「しまい重点の追い切りだったみたいだけど」

見知った顔の記者は、そう言いながら、メモ用紙を見せた。〈九十三・五。上がり（注6）三十七・五〉と赤のボールペンで数字がなぐり書きされていた。

攻め馬服の袖《そで》で額の汗を拭《ふ》き、

「天気予報はどんな具合ですか？」

と奈良は逆に訊いてみた。コンマ一秒の誤差もなく乗ったことに、抑えがたい歓《よろこ》びを感じた。

「雨は降りそうにないね。良馬場だろう」

さまざまな質問を浴びせられたが、B奈良は、馬の調子はいいので、あとは運だけですと答えるばかりだった。砂田が記者たちから離れ、車に乗ると手招きした。奈良は走って行き、車に乗った。運転席に坐《すわ》っているのは久美子であった。

「お疲れさまでした」

久美子は言った。

「いえ……」

奈良は、それだけ言って、砂田に目をやった。

「さあ、行きまひょか」

砂田はハンティングをかぶり直し、久美子に言って

「出発進行」

と大声を出した。しかし、久美子は、三度もエンストを起こし、そのたびに、顔を赤くさせてエンジンをかけた。

「何をしてまんねん」

「これ、レンタカーやから、なかなか慣れないんです」

「クラッチを上げるのが早いんですな」

C「砂田のおじさまも、きのう何回もエンストさせたくせに……」

「ほんまに、『はい』というひとことを言えん人やなァ。人のことはほっときなはれ」

奈良は、また記者たちに取り囲まれるのを案じながらも、久美子と砂田のやりとりがおかしくて、顔を伏せて笑った。

「納得したら、ちゃんと『はい』って言います。これまでそうやったでしょう?」

「ごちゃごちゃ言わんと、早よう車を動かしたらどうですねん」

「そんなにすぐかっかするから、頭の毛が……」

「失礼な娘やなァ。わしはこのハゲ頭が気に入ってますねや。わしは、あんたを嫁にする男に同情するわ。所帯を持ったら、気の休まるときがないやろなァ。極楽トンボみたいな男でないと、あんたの亭主《ていしゅ》は務まらん」

「極楽トンボを捜します」

「ああ、そうしなはれ」

車はやっと動きだし、出張馬房へと向かった。奈良は、久美子と砂田が、いつのまにこんなに仲が良くなったのか不思議でならなかった。

「ほれほれ。馬が道を渡る。ゆっくりブレーキを踏まなあきまへんでェ。馬がびっくりして放馬でもしたらえらいこっちゃ」

出張馬房に着くまで、(ア)砂田は、アクセルをふかしすぎだとか、あっ、また馬が渡るとか、わめきつづけていた。砂田重兵衛を毛嫌《けぎら》いする者は多かった。口が重く、無愛想で、癇癪《かんしゃく》持ちで、記者の多くは、彼を陰で「むっつり入道」と呼んでいる。だが、砂田が、馬について多くを語らないのは、レースには莫大な金銭が絡んでいるという理由によってであった。「勝算は?」と訊かれれば、必ず「やってみなければ判らん」としか答えない。奈良は、一度、(イ)古参の競馬記者が砂田に食ってかかる場面に出くわしたことがある。こっちも子供の使いではないし、お互い長いつきあいなのだから、もう少し丁寧に教えてくれたらどうか。記者は激して言った。その際、砂田は珍しく穏やかな口調でこう説明した。

「あんたらへのサーヴィスで、見も知らん人間を損させるわけにはいかん。ソエ(注7)を痛がってるのに、どうしても他《ほか》に使うレースがないので走らせたら、あっさり勝ってしまう場合がある。調教師の談話として、レース前にそれが新聞に載ったら、ファンは馬券の対象から外すやろ。その反対の場合もあるんや。

決めたローテーション(注8)どおりに仕上がって、時計の面でも、相手関係でも、絶対に負ける筈のない馬が、五着にもこんときがある。勝負事はみんなそうやけど、競馬は、一レースに何億という金が賭《か》かるギャンブルなんや。勝っても競馬やし、負けても競馬や。それが競馬というもんや。それに直接関《かか》わってる人間が、(ウ)うっかりしたことは言えん」

奈良は、そんな砂田の態度を正しいと思い、それ以来、自分も騎手としての私見を口にしないようになったのである。そんな砂田が、大レースを前にして、しかも砂田自身の調教師生活においても一生に一度出逢うかどうか判らぬオラシオンという馬の出走を前にして、どこかはしゃいだように久美子と言い合っているのを、奈良はうらやましく感じた。

(注) 1　追い切り――競走馬がレースに出る前の調教の仕上げ段階で、騎手を乗せて一定の距離をレースに近い速度で走らせること。

2　皐月賞――毎年春に千葉・中山競馬場で行われる、三歳馬による大きなレース。ダービー（東京優駿）・菊花賞とともに「三冠レース」と称される。

3　阪神――阪神競馬場。兵庫県西宮市にある。

4　栗東――滋賀県栗東市。関西馬のトレーニング・センターがある。

5　四歳のクラシック――この小説の発表当時、馬の年齢は数え年で表記していた。現在の表記だと三歳に相当する。三歳のクラシックレースとは、皐月賞・ダービー（東京優駿）・菊花賞の三冠レースに加えて、牝馬限定の桜花賞・オークス（優駿牝馬）の計五レースを指す。

6　上がり――調教の最後六〇〇メートルの走破タイム。

7　ソエ――競走馬特有の筋肉痛。

8　ローテーション――ここでは競走馬をレースに出走させていくスケジュールのこと。

**問１** 傍線部(ア)～(ウ)の本文中での意味内容として最も適当なものを、次の各群の①～⑤のうちから、それぞれ一つずつ選べ。解答番号は 1 ～ 3 。

(ア) 毛嫌いする 1
① 感情的に嫌う
② 見た目を嫌う
③ 最初から嫌う
④ 敵視して嫌う
⑤ 分析して嫌う

(イ) 古参の 2
① 年配の
② 昔気質の
③ 経験の長い
④ 価値観の古い
⑤ 参加回数の多い

(ウ) うっかりしたこと 3
① 思いがけないこと
② 軽はずみなこと
③ 誤解を招くこと
④ 間違っていること
⑤ 余計なこと

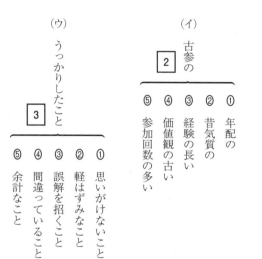

**問２**　傍線部**A**「俺になんか用はないでしょう？　こいつの馬だけ見てりゃいいよ」とあるが、ここで高野はなぜそう言ったのか。理由の説明として最も適当なものを、次の①～⑤のうちから一つ選べ。解答番号は **4** 。

①　オラシオンの調子の良さに感心し、記者たちに時間の無駄を避けてより有意義な取材をしてもらいたいと配慮したから。

②　記者たちの注意を奈良に向けることによって、自分が皐月賞で逃げの秘策を練っているということを隠そうとしたから。

③　奈良と自分とにうるさく質問を浴びせ続ける記者たちから逃れ、早く奈良とともに自宅で昼食をとりにいきたかったから。

④　奈良に注目させることによって記者たちの取材攻勢から逃れ、彼よりも先に久美子のところに行きたいと思ったから。

⑤　奈良の乗るオラシオンに比べて自分の乗る馬の力が劣ることを痛感し、それを記者たちの前で明かすことに抵抗を感じていたから。

**問３** 傍線部**Ｂ**「奈良は、馬の調子はいいので、あとは運だけですと答えるばかりだった」とあるが、それはなぜか。最も適当なものを、次の①〜④のうちから一つ選べ。解答番号は **5** 。

① コンマ一秒の誤差もなく追い切りを走ることができ、オラシオンという名馬を操る騎手としてこの上ない歓びを感じているが、そうした騎手としての私情を記者に話して新聞記事にしてもらっても、競馬ファンは馬券選びの参考にはしないということを砂田の普段の態度から学んでいたから。

② レース当日に雨が降りそうにないということを知り、勝利をほぼ確実なものと考えているが、今その思いを口にすることは記者にとってのサーヴィスでしかなく、レースの結果を楽しみにしているファンの気持ちを蔑ろにすることであるということを砂田の普段の態度から学んでいたから。

③ 競馬のレースには莫大な金銭が絡んでいるため、競走馬の状態については基本的には何も語らないという態度を貫いている砂田を見習って、自分の私見を軽々しく口にして記者や新聞会社が大きな損をすることがないように配慮するのが、一流の騎手には求められていると感じていたから。

④ どれほどの好条件が揃っていても負ける可能性があるのが競馬というギャンブルであるのに、ファンは競馬関係者の発言によって馬券購入を変えてしまうことがしばしばあるため、不用意に結果に関わるような発言をして影響を与えるべきではないという砂田の信念に共感していたから。

問４　傍線部Ｃ「ほんまに、『はい』というひとことを言えん人やなァ」とあるが、この言い方にあらわれた砂田の気持ちはどのようなものか。説明として最も適当なものを、次の①～⑤のうちから一つ選べ。解答番号は［６］。

① 久美子が自分に対して従わないことに憤りを感じ、性格的に素直にならないことには彼女の今後が心配だと案じている。
② 久美子が自分の言うことにひとつひとつ反発することを皮肉りつつ、そうしたお転婆さに対して基本的には暖かい視線を注いでいる。
③ 久美子が素直に自分の指示に応じないことに憤りを覚えているが、自分の管理する馬の馬主であるからとその気持ちをこらえている。
④ 久美子に対して口先では冗談を言ってはいるが、基本的には同じ馬に夢を託す調教師として、強い信頼を彼女に感じている。
⑤ 久美子の発散させる若い女性の香気にとまどいを感じつつも、彼女の運転する車の助手席に乗せられたことに喜びを感じている。

問５　野口さんは【文章】中の表現から読み取れる内容を、文中の根拠となる箇所と合わせてノートにまとめた。この【野口さんのノート】を読んで、後の問い(i)(ii)に答えよ。

**【野口さんのノート】**

**奈良と他の登場人物との関係**
高野……三期先輩の騎手。少し油断のならないところがある。

（根拠）［ X ］／「俺んちで、昼飯を食っていけよ」／小声でそう言ったが、口調には強引なものがあった。

**久美子**……馬主と騎手。あまり打ち解けて話せない。
（根拠）「いえ……」奈良は、それだけ言って、砂田に目をやった。

**砂田**……信頼のおける調教師。騎手としての態度も学ぶ。
（根拠）そんな砂田の態度を正しいと思い、それ以来、自分も騎手としての私見を口にしないようになったのである。

**オラシオンという馬について**
・競走馬としての素質が非常に高い。
（根拠）［ Y ］／記者たちがしつこく追って来た。／一生に一度出逢うかどうか判らぬ。
・レース前の状態として理想的に仕上がっている。
（根拠）コンマ一秒の誤差もなく乗った。

**D　レース直前の奈良の気持ち**
騎手としての不安と孤独を感じている
（根拠）型どおりに勝ちすぎるという言葉は奈良を萎縮させた。／どこかはしゃいだように久美子と言い合っているのを、奈良はうらやましく感じた。

(i) 空欄X・Yにはそれぞれ文中の発言がはいる。あてはまるものの組合せとして最も適当なものを、次の①〜④のうちから一つ選べ。解答番号は 7 。

① X＝皐月賞では、ひっかきまわしてやろうかと思ってんだ
　Y＝四歳のクラシックを全部勝ってもらいたい

② X＝皐月賞では、ひっかきまわしてやろうかと思ってんだ
　Y＝馬の調子は文句がありません

③ X＝こんな化け物と一緒に走るのはいやだなァ
　Y＝四歳のクラシックを全部勝ってもらいたい

④ X＝こんな化け物と一緒に走るのはいやだなァ
　Y＝馬の調子は文句がありません

(ii) 傍線部**D**「騎手としての不安と孤独を感じている」とあるが、ここでの奈良の「不安と孤独」とは具体的にどのような心境と考えられるか。**【野口さんのノート】**と**【文章】**全体を踏まえて、最も適当なものを、次の①～⑤のうちから一つ選べ。解答番号は［8］。

① 調教師である砂田は、オラシオンという名馬に出逢えたばかりか、久美子という気の合う女性とも親しくして上機嫌であるのに対し、騎手である奈良は、二人の楽しげな雰囲気に入っていくことができず、自分にできるのはレースで結果を残すだけだと覚悟を強めている。

② 調教師である砂田は、一生に一度出逢えるか判らぬほどの名馬の仕上がった走りを見てレースでの勝利を確信しているのに対し、騎手である奈良は、先輩の高野がどのような作戦を仕掛けてくるのかが気になり、ファンの期待通りに勝利できるかどうか心配している。

③ 調教師である砂田は、追い切りも終わり、もう自分の仕事は終わったため馬主である久美子と軽口を飛ばしてはしゃいでいるのに対し、騎手である奈良は、そんな砂田にはもはや頼ることができないので、関西のファンのためにも必ずレースに勝とうと気合を入れている。

④ 調教師である砂田は、オラシオンほどの名馬の大レースを前にしても、気楽に振る舞えるだけの度量と経験があるのに対し、騎手である奈良は、仕上がりの良さに良馬場と好条件が揃えば揃うほど、経験の浅い自分で本当に勝てるのかと自信を失いそうになっている。

⑤ 調教師である砂田は、類まれなる名馬を最高の状態に仕上げられたうえで大レースに臨めることに満足して、気持ちの余裕が出ているのに対し、騎手である奈良は、レース当日にたった一人でオラシオンの能力を最大限に発揮しなければならないという重圧を感じている。

模擬試験
文学的文章２

## 言語活動

ナツキさんは「バーチャルウォーター」という題でレポートを書くことにした。次の【目次】は、ナツキさんがレポートの内容と構成を考えるために作成したものであり、【資料Ⅰ】・【資料Ⅱ】・【資料Ⅲ】は、レポートに引用するために参考文献の一部を整理したものである。これらを読んで、後の問い（問１～３）に答えよ。（配点　20）

【目次】

テーマ：バーチャルウォーター

第１章　はじめに
「バーチャルウォーター（仮想水）」とは何か

第２章　「バーチャルウォーター」の算出
・牛肉の生産に必要な水の量は、牛が飲む水の量だけではない
・牛丼のバーチャルウォーターを計算すると

第３章　「バーチャルウォーター」と日本
どこから、どれぐらい輸入しているか

第４章　「バーチャルウォーター」の何が問題なのか
・世界の水不足
・日本の食料自給率

第５章　「バーチャルウォーター」を減らすためにわたしたちにできること
［　X　］

参考文献

## 【資料Ⅰ】

**文章**

**バーチャルウォーターとは**

バーチャルウォーターとは、食料を輸入している国（消費国）において、もしその輸入食料を生産するとしたら、どの程度の水が必要かを推定したものであり、ロンドン大学東洋アフリカ学科名誉教授のアンソニー・アラン氏がはじめて紹介した概念です。例えば、1kg のトウモロコシを生産するには、灌漑《かんがい》用水として 1,800 リットルの水が必要です。また、牛はこうした穀物を大量に消費しながら育つため、牛肉 1kgを生産するには、その約 20,000倍もの水が必要です。つまり、日本は海外から食料を輸入することによって、その生産に必要な分だけ自国の水を使わないで済んでいるのです。言い換えれば、食料の輸入は、形を変えて水を輸入していることと考えることができます。

**バーチャルウォーターの現状と説明**

日本のカロリーベースの食料自給率は 40%程度ですから、日本人は海外の水に依存して生きているといえます。つまり、日本はバーチャルウォーターの輸入を通じて海外とつながっており、海外での水不足や水質汚濁等の水問題は、日本と無関係ではないのです。2005年において、海外から日本に輸入されたバーチャルウォーター量は、約 800億立方メートル（※）であり、その大半は食料に起因しています。これは、日本国内で使用される年間水使用量と同程度です。

※東京大学生産技術研究所　沖教授らのグループでは 2000年のデータをもとに約 640億立方メートルという値を算出している。今回の推定値は、データを 2005年に更新した上で、木材等新たな産品を追加し、沖教授のご指導を受けて、環境省と特別非営利活動法人日本水フォーラムが算出したものである。

（環境省 HP「Virtual water　世界の水が私たちの生活を支えています」による）

図

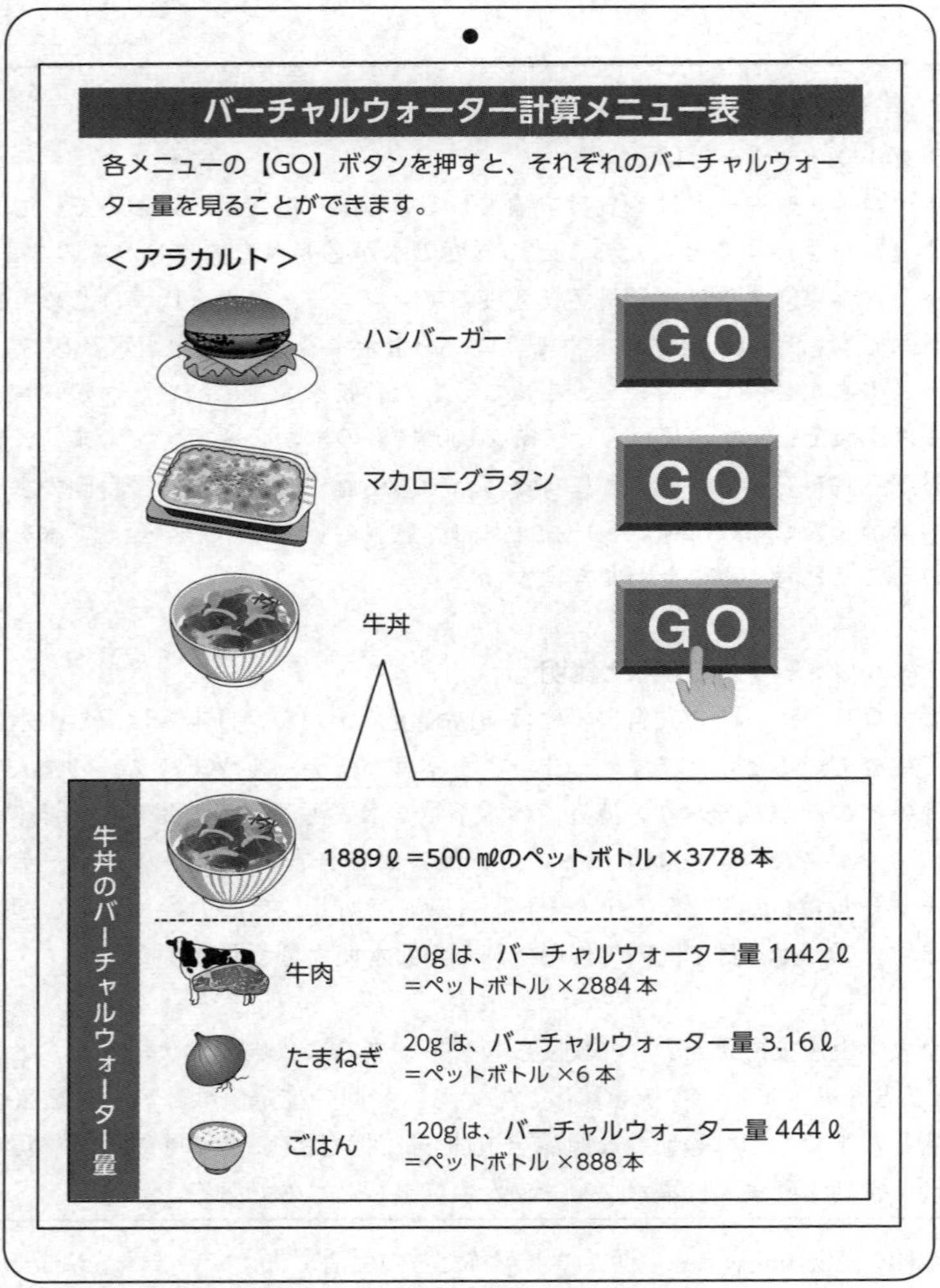


環境省HP「Virtual water　世界の水が私たちの生活を支えています」にもとづいて作成

## 【資料Ⅱ】

※一人当たり水資源賦存量―生活を維持するために最低限必要な水の量を人口で割った理論上の割り当て量

グラフ１

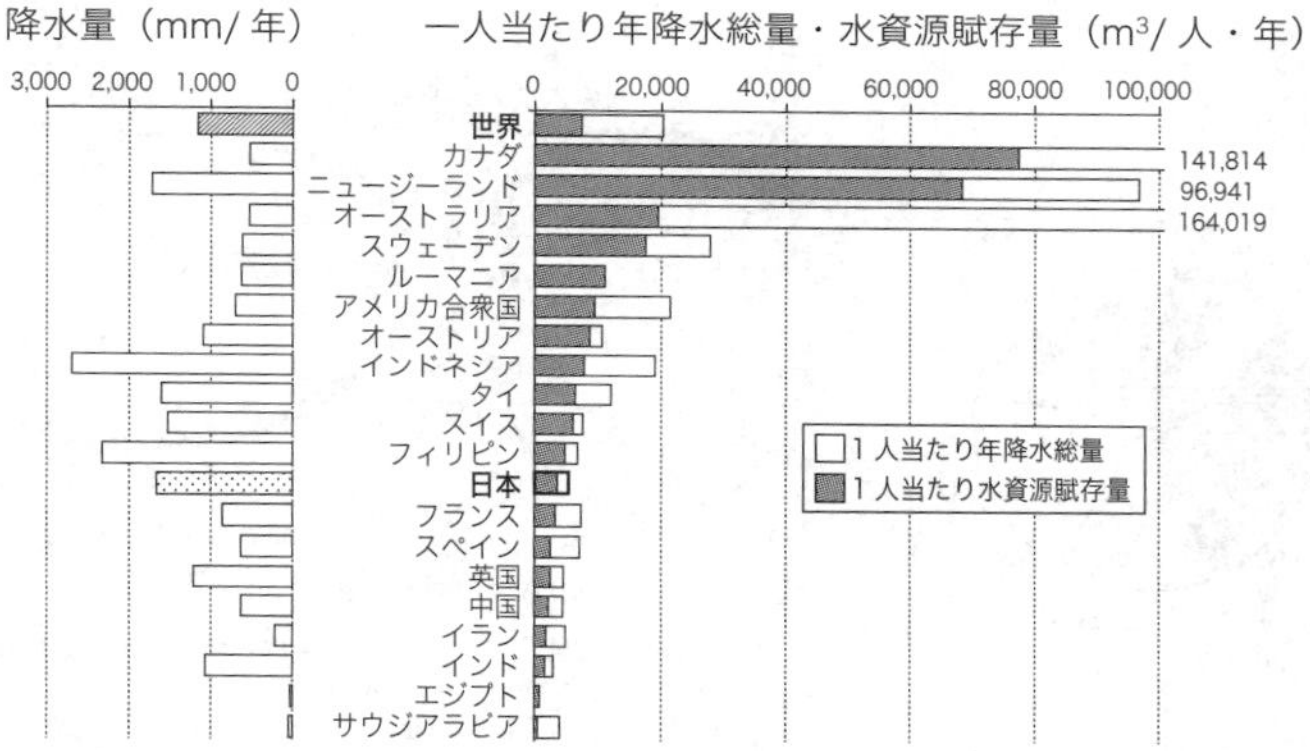


(注) 1. FAO（国連食糧農業機関）「AQUASTAT」の 2022 年９月アクセス時点の最新データをもとに国土交通省水資源部作成
2. １人当たり水資源賦存量は、「AQUASTAT」の [Total renewable water resources(actual)] をもとに算出
3. 「世界」の値は「AQUASTAT」の [Total renewable water resources(actual)] が掲載されている 200 カ国による。

（国土交通省 HP 「令和４年版　日本の水資源の現況について」による）

グラフ２

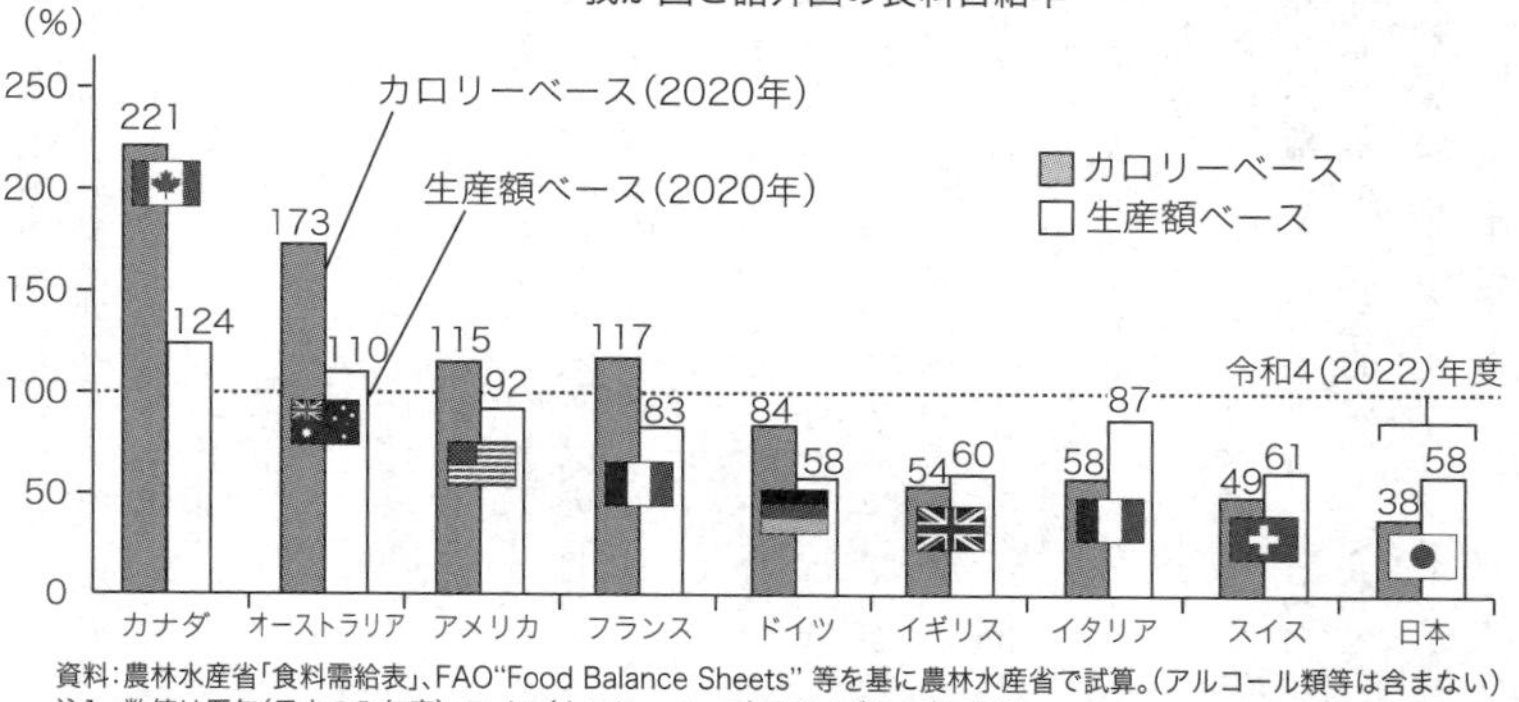


資料：農林水産省「食料需給表」、FAO"Food Balance Sheets" 等を基に農林水産省で試算。（アルコール類等は含まない）
注1：数値は暦年（日本のみ年度）。スイス（カロリーベース）及びイギリス（生産額ベース）については、各政府の公表値を掲載。
注2：畜産物及び加工品については、輸入飼料及び輸入原料を考慮して計算。

※カロリーベース―国民一人当たりの一日の摂取カロリーのうち、国産品が占める割合。カロリーの高い米、小麦、油脂などの影響が大きくなる。
生産額ベース―国民に供給される食料の生産額に対する国内生産の割合。価格の高い畜産物、野菜、魚介類などの影響が大きくなる。

（農林水産省 HP 「世界の食料自給率」による）

## 【資料Ⅲ】

図

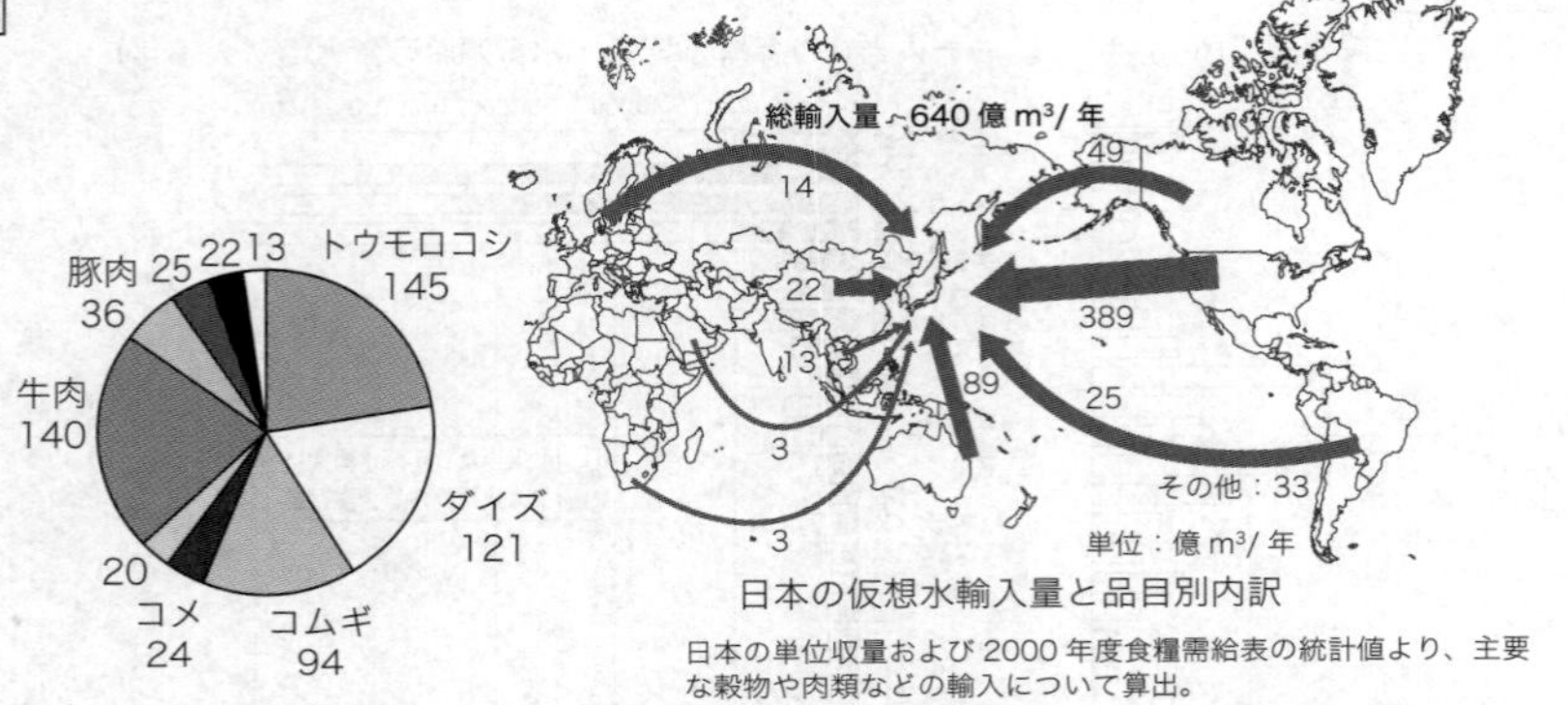


日本の仮想水輸入量と品目別内訳

日本の単位収量および 2000 年度食糧需給表の統計値より、主要な穀物や肉類などの輸入について算出。

Oki, T.; Sato, M.; Kawamura, A.; Miyake, M.; Kanae, S., and Musiake, K., 2003: "Virtual water trade to Japan and in the world" より

文章

主要な穀物や肉類の水消費＊原単位が求まると、日本への輸入量に水消費原単位をかければ図のように日本への仮想水総輸入量を推計できる。総計は年間約六四〇億立方メートルであり、日本国内での灌漑用水量年間約五七二億立方メートルを上回っている。もっとも、日本のカロリーベースの食料自給率は約四〇パーセントなので、食料などを通じた仮想水総輸入量が国内の灌漑用水量を上回っていても驚くには値しない。カロリーベースとは、国産の肉でも飼料が外国産の場合には自給に含めないという計算手法なので、仮想水輸入量はまさにカロリーベースの食料輸入量を水量に換算したようなものである。

（中略）

国別では、アメリカ合衆国からの輸入量が圧倒的に多く、ついでオーストラリア、カナダと続き、品目別ではトウモロコシ、牛肉、ダイズ、コムギが大半を占める。トウモロコシは七割程度が飼料用であり、ダイズも油の絞りカスはダイズミールとして飼料用となる。言ってみれば、日本では飼料用作物を安価に生産・供給できる農地や牧草地が不足していて、それを補うかのように食料を輸入するのに伴って仮想水も輸入されている。そういう意味では、日本にとっての食料輸入は水の仮想的な輸入というよりは、どちらかというと主に農耕地や牧草地の仮想的な輸入である。

（沖大幹《おきたいかん》『水の未来――グローバルリスクと日本』による）

注　＊原単位――一定量の生産物を作るために使用するモノ、時間などの量。

問1　次のア〜オについて、【資料Ⅰ】から読み取れる内容の組合せとして最も適当なものを、後の①〜⑤のうちから一つ選べ。解答番号は［1］。

ア　図は、文章中の「牛肉1kgを生産するには、その約20,000倍もの水が必要」という記述の裏づけとなる資料である。

イ　図は、牛丼において必要なバーチャルウォーターの量が他の料理と比べて多いことを、目に見える形で明らかにしている。

ウ　図は、牛肉やコムギなどの輸入食料品に潜在的に含まれる水の量をイメージできるよう、身近な料理に含まれるバーチャルウォーターを算出している。

エ　【資料Ⅰ】は、畜産物が水を多く必要とすることを示し、肉中心の食生活は水問題に深く関わっていることを示唆している。

オ　【資料Ⅰ】は、バーチャルウォーターという視点から、地球温暖化によって水資源が枯渇する危険性について警鐘を鳴らしている。

① イ・ウ・エ
② ア・ウ・エ
③ ウ・エ・オ
④ ア・イ・エ
⑤ イ・エ・オ

**問２**　ナツキさんは、**【資料Ⅱ】**、**【資料Ⅲ】**を踏まえ、現状を分析してメモを作成した。レポートに取り上げるべき内容として適当なものを、次の①～⑤のうちから**二つ**選べ。解答の順序は問わない。
解答番号は［２］・［３］。

①　オーストラリアは一人当たりの年降水量が多いものの、日本へのバーチャルウォーターの輸出量が多い。そのために、一人当たりの水資源量が減っていることがうかがえる。

②　カナダなどの食料自給率が高い国と日本へのバーチャルウォーターの輸出量が多い国はほぼ一致している。それらの国は、飼料用作物を自国内で十分供給できているためだと思われる。

③　一人当たりの水資源が乏しいのに、日本へのバーチャルウォーターの輸出量が多い国がある。日本は経済的に食料輸出に頼らざるを得ない国の貴重な水を奪っていることになる。

④　日本のカロリーベースの食料自給率が低いのは、食生活の変化が関係している。コメの消費が減少する一方で、食肉の摂取が増えてきたことが主な要因であるといえる。

⑤　日本は年平均降水量がおよそ１，７００㎜もあるにもかかわらず、バーチャルウォーターの輸入量が多い。一人当たりが使える水の量が少ないことに加え、農耕地や牧草地が不十分であることの証左だ。

**問3** **【目次】** について、次の(i)(ii)(iii)の問いに答えよ。

(i) ナツキさんは、**【目次】** 中の下線部「牛肉の生産に必要な水の量は、牛が飲む水の量だけではない」という状況を具体的に理解してもらうために、**第2章**で別の事例を挙げて補足しようと考えている。その例として最も適当なものを、次の①～⑤のうちから一つ選べ。解答番号は 4 。

① 乳牛を育てるには、飼料となるトウモロコシやダイズの生産・輸入に加え、牧場の運営にともなう光熱費や人件費がかかるため、牛乳の価格はそれらのコストを換算および付加したものとなる。

② 電気自動車を使えば、走行時にCO2を排出しないためガソリン車よりも環境にやさしいが、自動車の製造・輸送にあたって排出するCO2の量を考えれば、相応の環境負荷は発生する。

③ 冷蔵庫やクーラーの冷媒に使用されていたフロンはオゾン層を破壊するとして使われなくなったが、家電の使用は火力発電所でのCO2排出につながるという別の問題は解消されないままである。

④ 途上国で作られた商品を可能な限りの低価格で輸入することは、生産に関わる現地の労働者を不当に低賃金で働かせる搾取の構造を生じさせる可能性がある。

⑤ エコバッグはレジ袋の代替物となるが、レジ袋もさまざまに再利用することは可能なので、エコバッグの使用だけを推奨する風潮には疑いをもつべきである。

模擬試験
言語活動

(ii)　ナツキさんは、**【目次】**の**第4章「『バーチャルウォーター』の何が問題なのか」**で論じる内容の要旨を書き出した。**【資料Ⅰ】**〜**【資料Ⅲ】**を踏まえた趣旨として最も適当なものを、次の①〜⑤のうちから一つ選べ。解答番号は **5** 。

① バーチャルウォーターの総輸入量からわかるように、食料を海外からの輸入に頼っている日本の現状では国内の食料生産体制の維持につながらず、食料自給率の向上に寄与しない。

② 水が日常的に不足しているのに農産物を主な輸出品としている国では、作物を栽培しなければ生活が成り立たないため、希少な水を使わざるを得ないという悪循環に陥る。

③ 食料を輸入することは、輸入先の国の水をバーチャルウォーターとして間接的に輸入していることになるが、相手国が深刻な水不足に見舞われると、日本も危機的状況に陥る。

④ 輸出国の水資源を使用して大量のバーチャルウォーターを輸入し続けていると、無自覚のうちに有限である水資源の枯渇を早め、世界の水問題を悪化させる可能性がある。

⑤ 食料自給率が低いままバーチャルウォーターを輸入する状態を続けることは、地球の資源を一方的に利用することを意味し、反発を買えば日本は国際社会から孤立する。

(iii) ナツキさんは、【目次】の空欄 X に入れる内容を検討するために、級友たちに意見を聞いた。【資料Ⅰ】〜【資料Ⅲ】を踏まえた内容で、ナツキさんが参考にするのに最も適当なものを、次の①〜⑤のうちから一つ選べ。解答番号は 6 。

① Aさん　日本は海や川などの自然に恵まれているけれど、水資源を生活に利用する仕組みが整っていないことがわかったよ。実際にはこんなにも多くのバーチャルウォーターに頼って生活していることを自覚してもらう必要があると思う。

② Bさん　うん、バーチャルウォーターに依存している日本は潜在的な水不足だといえるね。輸入相手国には、乾燥地帯や発展途上国が含まれるから、それらの国に対しては慢性的な水不足を解消するための支援や技術開発を進めたいね。

③ Cさん　バーチャルウォーターは、輸入している食料品を国内で生産したと仮定したとき、生産に必要な水の量を算定したものだから、なるべく地元や国内で生産された食材を選ぶといいんじゃないかな。

④ Dさん　多くのバーチャルウォーターが含まれている食品を廃棄することは、その食品をつくるためにかかった水を捨てているのと同じことになる。バーチャルウォーターを減らすための対策として、まずフードロス問題から考えるべきだよ。

⑤ Eさん　増加し続ける世界の人口を支える大量の作物を作るために、今後さらに水の使用量が増えるはずだ。干ばつや熱波などの異常気象の発生を抑えるための地球温暖化対策がますます必要となってくるね。

ハイスコア！共通テスト攻略　国語 現代文　改訂第２版

2019年７月10日　初版第１刷発行
2020年３月10日　改訂版第１刷発行
2021年７月10日　新装版第１刷発行
2024年３月10日　改訂第２版第１刷発行

編者　Ｚ会編集部
発行人　藤井孝昭
発行　Ｚ会
〒411-0033 静岡県三島市文教町1-9-11
【販売部門：書籍の乱丁・落丁・返品・交換・注文】
TEL 055-976-9095
【書籍の内容に関するお問い合わせ】
https://www.zkai.co.jp/books/contact/
【ホームページ】
https://www.zkai.co.jp/books/
装丁　犬飼奈央
印刷・製本　シナノ書籍印刷株式会社



ISBN978-4-86531-573-8 C7081

Z-KAI

ハイスコア！

共通テスト攻略

# 国語 現代文

改訂第2版

# 別冊解答

# 模擬試験 論理的文章 1

## 解　答

（45点満点）

| 設問 | 解答番号 | 正解 | 配点 | 備考 | 自己採点 |
|---|---|---|---|---|---|
| 1 | 1 | ③ | 2 | | |
| | 2 | ② | 2 | | |
| | 3 | ⑤ | 2 | | |
| | 4 | ③ | 2 | | |
| | 5 | ① | 2 | | |
| 2 | 6 | ② | 6 | | |
| 3 | 7 | ④ | 7 | | |
| 4 | 8 | ① | 7 | | |
| 5 | 9 | ②-③ | 8（各4） | ＊1 | |
| | 10 | | | | |
| 6 | 11 | ③ | 7 | | |

＊1　−（ハイフン）でつながれた正解は，順序を問わない。

| 合計点 | |
|---|---|

# 模擬試験　論理的文章１

【知識事項】

**問１**　まずは知識事項から解答を考えていこう。漢字問題は国語の入試では必須であり、基本的には「同音異字」「同訓異字」の識別が問われる。以下に、それぞれの漢字を挙げるので確認してほしい。

(ア)　**狭**い　①＝酔狂　②＝妥協　③＝偏**狭**　④＝峡谷　⑤＝供述

(イ)　**携**帯　①＝警鐘　②＝**携**行　③＝経由　④＝恩恵　⑤＝傾倒

(ウ)　浮**遊**　①＝余裕　②＝優美　③＝勇壮　④＝憂慮　⑤＝吟**遊**

(エ)　**周**期　①＝終焉　②＝衆目　③＝**周**到　④＝報酬　⑤＝執着

(オ)　抑**揚**　①＝高**揚**　②＝滋養　③＝寛容　④＝凡庸　⑤＝動揺

【問題文】

渡邊淳司『情報を生み出す触覚の知性　情報社会をいきるための感覚のリテラシー』（ＤＯＪＩＮ選書・二〇一四年）の一節。筆者は一九七六年生まれ。視覚・触覚の知覚メカニズムや、感覚の言語表現の研究を行っている。

【出題の「仕掛け」】

問題文は、「触覚」の特質について他の身体感覚と対比しつつ論じたものであり、大きく四つの部分に分けられる。

①**触覚の定義**（第一段落）
・**体性感覚＝皮膚感覚＋自己受容感覚**

②**触覚が生み出される過程**（第二段落〜第四段落）
・**受容器→神経→脳**

③**触覚のはたらき**（第五段落〜第十一段落）
・**環境にある物体の性質の把握**
・**感情への影響**
・**自分の身体の存在や他者との関係の確認**

④**触覚と情報認知やコミュニケーション**（第十二段落〜最終段落）

> **・触覚はどちらかというと補助的な役割を担うものと考えられている**

四つは相互に関連しているものの、それぞれ独立した内容になっており、本文中の図表について言及している箇所も明確であるため、**【戦略Ⅱ】**で対処することも可能ではある。しかし、**問2**や**問5**、**問6**などは文章全体の趣旨を把握してから解いた方が確実である。その意味では**【戦略Ⅰ】**が有効だといえる。

**問2**　第一段落における「体性感覚」「皮膚感覚」「自己受容感覚」の説明をつかむ。7～8行目を見ると、**「体性感覚」とは皮膚感覚と自己受容感覚を合わせた、身体で感じる感覚一般を指す**ことがわかる。このうち「皮膚感覚」とは、皮膚を物体に接触させることによって感じるものであり、これを通じて**表1**にあるような、圧力、振動、小さな形状、摩擦、温度などを知ることができる。一方で「自己受容感覚」とは、自己の身体部位の位置や、筋肉や腱の状態を感じる感覚である。

**解法のコツ⑦**……キーワード「体性感覚」「皮膚感覚」「自己受容感覚」に注目

以上を整理すると次のようになる。

> **「体性感覚」**――身体で感じる感覚一般
>
> ＝
>
> **「皮膚感覚」**――皮膚を物体に接触させることによって感じるもの（**圧力、振動、小さな形状、摩擦、温度など**）
>
> ＋
>
> **「自己受容感覚」**――自己の身体部位の位置、力、状態に関する感覚

さらに、触覚（＝「体性感覚」）について「このように触覚は、生きていくうえで欠くことのできない感覚といえます（ℓ121～122）」と記されているように、筆者は、

> **「皮膚感覚」と「自己受容感覚」の両者を含む「体性感覚」は、人間が生きていくうえで不可欠の感覚である**

と指摘している。これらをすべて満たしている選択肢は②。

①は「自己受容感覚を基準として……皮膚感覚が機能する」が誤り。自己受容感覚が皮膚感覚の基準であるとの記述は本文中にはない。

③は「情報認知のための自己受容感覚」が誤り。筆者は第十二段落以降で情報認知における触覚の機能について言及しているが、これを自己受容感覚に限定してはいない。

④は「体性感覚は感覚全般を指す」が誤り。あくまでも「皮膚感覚と自己受容感覚を合わせて、身体で感じる感覚一般（ℓ7〜8）」が「体性感覚」なのであり、視覚や聴覚や嗅覚や味覚などを合わせた感覚（五感）全般を指しているわけではない。同様の理由で、選択肢後半の「五感を総合して自らの位置や力を把握する自己受容感覚」も誤り。

⑤は「脳で処理される自己受容感覚」が誤り。第三段落・第四段落で指摘されているように、触覚は、皮膚や筋肉や腱の中にあるセンサーからの信号が脳に伝えられることで生み出されるが、これは皮膚感覚も自己受容感覚も同様である。

↓正解［②］

**問３**　**図１**は、「脳の中で触覚の処理を行う『体性感覚野』と呼ばれる部位の『感覚の地図』（ℓ28〜30）」であり、「感度が高い身体部位ほど大きな面積（ℓ33〜34）」を占めていることがわかる。**図２**の「感覚のホムンクルス」は、**図１**の「感覚の地図」に合わせて再構成された身体像であり、さらに**図３**は、「皮膚の中にある……受容器を示したもの（ℓ47〜48）」である。この受容器については、第二段落から第三段落にかけて「触覚は……センサーが体中の皮膚に存在し、身体部位によってその感度が大きく異なります（ℓ13〜14）」、「二点弁別の感度が高いところは、触覚のセンサー（受容器）が多く……二点弁別の感度が高い身体部位ほど脳の中で処理が行われる面積が大きいということになります（ℓ20〜27）」とある。

**解法のコツ⑨**　……各図の内容を言い換えている箇所に注目！

以上の内容を整理すると、

**図３――皮膚の中の受容器**
**↓二点弁別の感度の高いところに多い**
**←脳に伝えられる**
**図１――「感覚の地図」**
**↓感度の高い身体部位ほど面積が大きい**
**←人間の形に再構成する**
**図２――「感覚のホムンクルス」**
**↓感度の高い身体部位が大きく描かれている**

となる。これに合致する選択肢は④。

①は、脳が発信した情報を受容器が受け取る、という内容になっている点で誤り。右で説明したように、本文では、受容器からの信号が脳に伝えられて処理されるとある。

②は皮膚内部の受容器を「物理的な世界の触覚に関わる」としている点が誤り。40～41行目に「物理的な世界の触覚（皮膚の面積など）」とあるように、物理的な世界の触覚とは、実際の人間の身体構造や皮膚の面積のことを指している。

③は「**図３**は、皮膚の表面部に近いほうが受容器が多く感度が高い」が誤り。**図３**は皮膚内部の触覚の感覚受容器を表したものであるが、「異なる皮膚変形に反応する特性をもつ（ℓ55）」ものであって、必ずしも表面ほど感度が高いということではない。

⑤は「**図２**は、脳で処理する情報量が……視覚的に表現した」が誤り。受容器からの信号が脳に伝えられて処理されるのであり、脳が処理する情報と受容器が処理する情報との差異を**図２**が示しているわけではない。

↓正解［④］

**問４**　**図４**については第九段落と第十段落で説明されている。「アイソレーション・タンク」内部にいる人は、「皮膚表面の感覚がほとんど感じられなくなります……さらに……視覚、聴覚、触覚の入力がすべてなくなります（ℓ109～111）」とあることから、**〈日常生活における感覚（五感）を感じられていない状態〉**にあることが確認できる。その結果、「自分の身体が消えてなくなるような感覚」になっているのである。さらに、113～114行目に「自分の身体の境界がすべてなくなったときに感じる浮遊感や、ある種の開放感」とあることから、タンクの内部にいる人間は、

日常生活における感覚が失われて自分の身体の境界がすべてなくなったように感じ、開放感をおぼえる状態

にあることが理解できよう。これと合致するのは①。

②は「生命の危機を感じている」が誤り。触感や痛みを感じない場合には「自身の身体が危険な状況にある……ことすら察知できません（ℓ120～121）」とあり、矛盾する。

③は「孤独を感じている」が、先に確認した「開放感」と一致しない。

④「自分の身体がタンク全体に拡充しているように感じている」は全体的に誤り。タンク内部の人間は、自身の身体の境界がなくなったようには感じているが、身体が拡充しているように感じているわけではない。

⑤は「自分自身の存在を再確認している」が誤り。これに該当する記述は本文にはない。

→正解［①］

**問５**　本文では、触覚の特徴を他の感覚と比較しながら論じている。内容を整理しよう。

**解法のコツ⑦**……全体のキーワード「触覚」について、他の感覚との対比に注意して読む！

**視覚や聴覚**

・**非接触の対象の認知を目的とする「非身体的で遠隔の」感覚**

・**情報認知や言語によるコミュニケーションにおいて（文字や音声の認識など）中心的な役割を担う**

↕

**触覚**

・**接触によって対象を把握する「身体的で直接の」感覚**

・**情報認知や言語によるコミュニケーションにおいて補助的な役割を担う**

右の対比が成り立つ。各選択肢と読み比べると、視覚や聴覚については②「遠隔にある（＝非接触の）対象を、身体の特定の器官を通じて把握する」、③「文字や音声の認知などの役割を広く担う」が適切。

①は「言語に限定して活用される」が誤り。視覚や聴覚は非接触の対象の認知を目的とするものであり、言語だけに用いられるものではない。

④は、本文には明示されていない内容のため誤り。

⑤は「感情に訴えかけるものではなく」が、131行目の「声の抑揚で感情を表す」と反するため誤り。

⑥は、第六段落全体の内容から、触覚の特質といえる。

↓正解［②・③（順不同）］

**問6**　「触覚」は文章全体のキーワードのため、これに関する筆者の主張を正確に把握したい。また、情報認知やコミュニケーションについては第十二段落以降で詳述されているので、この部分に注意しよう。

**解法のコツ⑦**……全体的なキーワード「触覚」と、情報認知やコミュニケーションに関する記述に注意して読む！

文字や音声とは異なり、触覚に基づく言語記号は特別な方式に限られているため、**問5**で確認したように、**触覚は情報認知や言語によるコミュニケーションにおいて補助的な役割を担っているにすぎない。**つまり、

**触覚は別の何かを指し示すという言語記号としては十分に機能していない**
←
**触覚は情報認知や言語によるコミュニケーションにおいて補助的な役割を担っている**

という限界があるのだ。これに合致する選択肢は③。なお、前半部分の「触覚は触れる側の強い意識が込められるものであり」は、第五段落の「誰かの身体に触れる、誰かに身体を触れられるという体験は……触れた側、触れられた側の両方に強い感情の変化を生み出します」を言い換えた内容である。

①は「自分自身と接触していない対象への伝達が不可欠」が、課題としては言いすぎ。それゆえ、「遠隔地に触感を伝える研究の進展が望まれる」という意見も妥当ではない。さらに、前半部「触覚は視覚や聴覚に比べてはるかに複雑な情報を伝達する」も、本文の趣旨と合致しない。

②は、点字や指点字を理解する者が少ない、という内容

を課題にしている点が誤り。筆者は、言語記号が点字や指点字に限られていることを限界として挙げているのであり、理解者が少ないことを問題としているわけではない。

④の後半部は、〈触覚の受容の仕組みや脳の構造の解明によって、触覚による情報認知やコミュニケーションを実現することができる〉という内容になっている。しかし筆者は、情報認知と触覚の受容の仕組みや、脳の構造の解明などを関連づけてはいない。

⑤の「触覚による情報認知やコミュニケーションに対する一般の人々の関心が低いという現状」は、本文では言及されていない内容なので誤りである。

↓正解［③］

# 模擬試験 論理的文章２

## 解　答

（45点満点）

| 設問 | 解答番号 | 正解 | 配点 | 備考 | 自己採点 |
|---|---|---|---|---|---|
| 1 | 1 | ① | 2 | | |
| | 2 | ⑤ | 2 | | |
| | 3 | ② | 2 | | |
| | 4 | ⑤ | 2 | | |
| | 5 | ① | 2 | | |
| 2 | 6 | ② | 5 | | |
| 3 | 7 | ④ | 5 | | |
| 4 | 8 | ④ | 5 | | |
| 5 | 9 | ② | 6 | | |
| | 10 | ① | 6 | | |
| | 11 | ③ | 8 | | |

| 合計点 | |
|---|---|

## 模擬試験　論理的文章２

**【知識事項】**

**問１**　問題文を読む前に、まずは知識問題に取り組む。基本的には同音異字の問題であるが、この設問の(ア)・(ウ)のように、訓読みに関わる出題も時折見られるので注意が必要だ。

(ア)　**譲**らず　①＝委**譲**　②＝浄財　③＝醸造　④＝余剰　⑤＝土壌

(イ)　**遂**行　①＝垂直　②＝邪推　③＝衰弱　④＝睡魔　⑤＝完**遂**

(ウ)　**報**われた　①＝奉公　②＝**報**告　③＝同胞　④＝放送　⑤＝法律

(エ)　体**系**　①＝経営　②＝契約　③＝経歴　④＝大計　⑤＝**系**統

(オ)　射**程**　①＝**程**度　②＝裁定　③＝豪邸　④＝丁寧　⑤＝諦念

**【問題文】**

**【文章Ⅰ】**は小浜逸郎『なぜ人を殺してはいけないのか』（洋泉社新書・二〇〇〇年）の一節。小浜逸郎は一九四七年生まれの批評家。家族論・学校論などを中心に幅広い評論活動を展開している。『学校の現象学のために』（大和書房）・『子どもは親が教育しろ！』（草思社）・『「弱者」とはだれか』（ＰＨＰ新書）など多数の著作がある。

**【文章Ⅱ】**は川瀬和也『ヘーゲル哲学に学ぶ　考え抜く力』（光文社新書・二〇二二年）の一節。川瀬和也は一九八六年生まれの哲学研究者。ヘーゲル哲学を専門としており、著書に『全体論と二元論―ヘーゲル哲学体系の核心』（晃洋書房）・『ヘーゲルと現代思想』（同・共著）などがある。

**【出題の「仕掛け」】**

**【文章Ⅰ】**では、指示語や接続語、あるいは例示の語句が多用されており、それらを忠実に追うことが確かな理解のカギとなる。実際、この各設問も、**傍線部分に関わる指示語・接続語等を追っていくことから選択肢の絞り込みができる**ようになっている。**【戦略Ⅱ】**を使って解くのが得策だろう。

また、**問5**は**【文章Ⅰ】**と**【文章Ⅱ】**に加えて、生徒の会話文を合わせて読む問題であり、共通テストでは定番といえる形式である。**【文章Ⅰ】【文章Ⅱ】**を貫く全体的なテーマを見抜くこともちろん重要であるが、個々の文章の内容と問いの趣旨、傍線部前後の文脈を正確に把握することが、正答を導くための正攻法であることに変わりはない。文章の種類の多さに惑わされないことが肝要だ。

**問2**　傍線部分でいう「こういう場合」とは、直接には直前に出ている具体例「たとえば、何時何分のバスに乗り遅れまいと思ってバス停に急いでいる時」を指している。ただしこれは、さらに前段落の「それらが比較的短時間、短距離の範囲に枠づけられていて、それ自体としては断片的で瑣末な行動や表現である場合」（ℓ13～14）の一例として出されているものである。

**解法のコツ⑧**……「こういう場合」の指示内容を確認！
**行動や表現が「比較的短時間、短距離の範囲に枠づけられていて、それ自体としては断片的である場合」**

そこまで押さえてから選択肢群に目を移すと、②の「短時間・短距離の範囲に枠づけられている断片的で小さいことほど」というのが合致している。③・④の「関連」の問題や①の「観念」の問題は、この指示内容に関わらない。⑤は「枠」の性質に言及していない点で②に劣る。

↓正解［②］

**問3**

**解法のコツ⑧**……「そこ」の指示内容を確認！
**「『人生全体』といった包括的な観念に対してまで意味や目的を求めるに至っ」たこと（ℓ48）**

それが「転倒」だというのなら、その「転倒」する前の状態は何だったのか……と考えて関連部分を追っていくと、傍線部**B**の直後に「そのつどの行動や表現をそのつどの意味や目的によってつなぎ合わせた連鎖の体系であるはずの『人生全体』の観念に……」の記述がある。この文の終わりが「のだ」になっていることにも注意。「……のだ」という言い方は「再確認」のニュアンスをもつため、傍線部**B**の内容を詳しく説明していると判断できる。この、〈本

**来はそのつどのもの〉（a）→〈『人生全体』に観念を求めるようになった〉（b）**という内容に合うものを探すと、（a）にあてはまっているのが③・④・⑤、（b）にあてはまっているのが④だけである。

↓正解［④］

**問４**　適当でないものを一つ選ぶ形式の問題では、微妙な表現にこだわるのではなく、なにか決定的に誤っている点を見つけるという考え方が重要である。そのことを念頭におきながら、**【文章Ⅱ】**の内容をまとめてみよう。

> **人間は何のために生きているのかという哲学的な問題**
> **↓**
> **倫理学に古くからある二つの考え方**
> **１「幸福」になるため**
> **・人はみな幸福になることを目指している**
> **・単純だが強い説得力をもつ**
> **２「義務」「使命」「責務」のため**
> **・人生には幸福とは別に遂行すべき義務がある**
> **・自分の幸福を犠牲にしてでも追い求めるべき社会的責務や家族に対する責任がある**

このように内容をまとめていく際に注目したいのが、傍線を引いた、「〜とは別に」「〜を犠牲にしてでも」といった表現から読み取れる概念の図式である。すなわち、**【文章Ⅱ】**では「幸福」と「義務」は対立する概念なのである。したがって、「両者は対立的なものではなく、それらを両立する人生の存在も示唆されている」という④が誤ったものだとわかる。残りの選択肢については、「幸福」と「義務」に優劣をつけている記述は見あたらないので①は正しく、全体的に平易な文体であり、最初に問いを提示し、それに対する具体的な回答の例も示しながら書かれているため③や⑤もおおむね正しい。②については、「私たちの日常生活の中で、哲学的に考え抜くことの重要さが……」（ℓ69）に完全に合致している。

↓正解［④］

**問５**　ただでさえ難解な文章を二つも読み、さらに会話文まで読まなければならないのは苦痛と感じる人もいるかもしれないが、こうした**サブテキストはヒントの宝庫**である。会話文の流れを正しく把握し、何を問われているのかをきちんと理解して解答にあたろう。

**解法のコツ⑤**……**サブテキストを熟読し、出題の意図を読み取る！**

(i)　空欄補充の問題は、空欄前後に注目して、どのような性質の文言を入れるべきかを考えてから解くことが何より重要である。**何となく文章を読んで、「書いてあったから」という理由だけで安易に答えを選ぶことがないようにしてほしい。**さて、空欄Xの後に注目すると、「だから、**終局点が死でしかなく、外側に出ることのできない人生全体には、意味や目的を求めるのは無理だ**（C）」とある。したがって、空欄Xに入れるべきは、（C）の理由として【文章Ⅰ】に書かれている内容である。そこで、まずは（C）に相当する内容を探してみると、「一方で人生の終局点が死であることを人間は知ってしまっているのであるから、人生全体の意味や目的は死に他ならない」（ℓ55〜56）という部分がほぼ合致することがわかるだろう。そしてこの部分は、「意味や目的の意識とは、行動や表現をその終局点の見地から対象化することであると見なすなら、」という記述に続いていることから、〈行動や表現を対象化する〉というのが（C）の理由に該当することがわかる。したがって、正答は②である。「他の行動や表現に関連づける」という部分がこの箇所からは読み取れず不安に思う人は、改めて**【文章Ⅰ】を読み、「その終局点の見地から対象化し、他の行動や表現に関連づけること」（ℓ37）という記述を見つけられると盤石である。**

→正解［②］

(ii)　やはり空欄前後に注目すると、空欄Yに入れるべきは、「その視点」＝「人生の意味や目的を他者や社会と結びつけようとする視点」のことであることがわかる。【文章Ⅱ】で他者や社会について触れられているのは文章の最後のほうであり、「義務」の説明をしている箇所だとすぐに読み取れる。したがって、正答は①である。**複数文章の読解だからといって、空欄補充のための特別な解法は必要ない。空欄の前後を丁寧に追って、何を入れるべきかを特定するというオーソドックスな方法を遵守しよう。**

→正解［①］

(iii)

**解法のコツ⑦**……**会話文の話合いの軸になっている概念を捉える！**

一見すると、【文章Ⅰ】の基本的な考え方に【文章Ⅱ】の「この視点」を導入した生き方を考え、おまけにそれを具体例の中から選ばなければならないというかなり複雑かつ難解な問題のようであるが、会話文を最後まで読めば、実は非常にシンプルなことを問うている問題であるとわかる。生徒Kは最後の発言で、「なるほど」と生徒Oの発言（＝傍線部Cの生き方）に同意を示して、その趣旨を次のようにまとめてくれている。

**【文章Ⅰ】の考え**
**自分の存在のみを根拠とする**
↓
**自分の人生全体の外側に出ることができない**
**（＝自分の人生全体には意味や目的がない）**
↓
**【文章Ⅱ】の視点を導入**
**自分の死後も存在する他者や世界の存在を根拠とする**
↓
**自分の人生全体の外部を想定できる**
**（＝自分の人生全体の意味や目的を考えられる）**

**【文章Ⅱ】の視点として、〈自分の死後の他者や世界の存在〉という〈人生全体の外部〉がカギとなっていることを押さえよう。「人生」に対するこの考え方を過不足なく含むかどうか、各選択肢を吟味していけばよい。**まず④は全く他者の存在について触れていないので迷わずに除外できる。①〜③はすべて他者や世界について書いているので悩むが、ここで重要視されているのは〈自分の死後も存在する〉すなわち〈自分の人生全体の外部〉における他者や世界の存在である。とすれば、①には「友人や先生」「大学や会社」といった他者との関わりがあるが、それは、自分自身が生きている間の生を充足させるためのものであり、あくまでも自分の人生全体の〈内部〉におけるものである。したがって①は不適当であり、②「テレビで見たアイドル」や「多くのファン」も同様の観点から不適当。③の「人類の文明の進歩」は自分の死後も続いていく世界全体を念頭に置いた観念であり、〈自分の死後の他者や世界の存在〉について触れているのはこれしかない。

→正解［③］

# 模擬試験 文学的文章 1

## 解　答

（45点満点）

| 設問 | 解答番号 | 正解 | 配点 | 備考 | 自己採点 |
|---|---|---|---|---|---|
| 1 | 1 | ① | 2 | | |
| | 2 | ③ | 2 | | |
| | 3 | ② | 2 | | |
| 2 | 4 | ④ | 7 | | |
| 3 | 5 | ② | 6 | | |
| | 6 | ④ | 6 | | |
| 4 | 7 | ③ | 8 | | |
| 5 | 8 | ③-⑤ | 12<br>（各6） | ＊1 | |
| | 9 | | | | |

＊1　－（ハイフン）でつながれた正解は，順序を問わない。

| 合計点 | |
|---|---|

# 模擬試験　文学的文章１

【問題文】

出典は、佐々木丸美の『雪の断章』（復刊ドットコム刊・二〇〇六年）。佐々木丸美は一九四九年生まれで、一九七五年に本作で小説家デビューをした。抒情的・幻想的な作風で名高い。

【出題の「仕掛け」】

今回出題した文章では、マルシャークの「森は生きている」という童話の内容が【文章Ⅰ】では作中人物によって語られ、【文章Ⅱ】では引用という形で挿入されるという複雑な構成をしている。このような複数の文章や資料を多角的な視点から読み解かせるという方向性は、共通テストの特徴の一つといえる。今回の出題では、登場人物の心情を読み解くことはもちろんのこと、**本文の主人公である飛鳥と童話の少女との関係性や、挿入される引用の表現効果を把握することを目的**とした。小説とはいえ、問われているのは、本文に書かれた情報の正確な把握であるということを念頭におきつつ、豊かな心理・情景描写も楽しもう。

【知識事項】

**問１**　知識事項から先に解答を考えていく。語句の意味を問う設問に対しては、**〈辞書での意味〉を優先させながら、前後関係に照らして絞り込む**という考え方で取り組もう。

(ア)の正解は①。「あけすけ」とは〈言動や態度がはっきりしているものの、遠慮は欠けている様子〉を表す語。前後の「とびきり豪快で」「くだけた」という表現もヒントになる。

(イ)の正解は③。少女の描写の「一生懸命に探した……ない物を無心に信じて探すけなげさ」という部分と合わせて考えるとよい。

(ウ)の正解は②。④「派手で注目を集める」が紛らわしいが、「あでやか」の原義は古語の「あてやか〈＝上品で美しい・優雅〉」であり、「あでやか」は〈華やかで美しい〉という意味を含む。

## 問2

**解法のコツ⑥……場面設定**
**史郎の発言に対する、飛鳥の〈受け止め方〉に関する問題。それぞれの発言直後の飛鳥の反応を描写した地の文から、手がかりを探していく。**

まず、a「気持がよかっただろう?」という史郎の発言に対する飛鳥の反応を整理しよう。9〜12行目からは、〈豪快であけすけ〉〈奈津子が全面的に悪い＝飛鳥が全面的に正しいと言ってくれたので警戒が解けた＝安心した〉という内容が読み取れる。また、「祐也さんは私の言葉に耳を傾けながらも、人に対する姿勢としての戒めを忘れなかったけれど」という部分の逆接表現に着目すると、こうした史郎の態度が、祐也とは異なる類のものであるということも理解できる。以上をまとめて整理して示すと次のようになる。

**aについての飛鳥の受け止め方**
- **豪快であけすけ**
- **そうだ、その意気だ、という愉快さ**
- **自分を全面的に肯定してくれている**
- **警戒が解けて安心して話ができる**
- **祐也とは異なる態度である**

次に、b「そんなことはないさ」に対する飛鳥の反応は、33〜34行目を読むと、

**bについての飛鳥の受け止め方**
- **優しい目**
- **自分への愛情を感じる**
- **自分も好意をもてる**
- **祐也と同じような態度である**

となる。以上の内容が正確に反映された④が正解。

①のa「自分の行動を褒めてくれている」は、確かに史郎は飛鳥の行為を全面的に認めてくれてはいるが、「褒め」ているわけではない。また、a・bを〈どちらも……祐也と同じ態度〉と受け止めているとする点もおかしい。

②は、a「祐也のように真摯な態度」が誤り。「豪快であけすけ」な態度が「真摯」とは考えにくく、aでの史郎

の態度は、祐也とは異なる類のものだと飛鳥は受け止めている。

③は、aを祐也とは異なる態度、bを祐也と同様の態度、と位置づけている点では正しいが、aについて「違和感を覚えている」が誤り。「警戒の垣根がとれた」とあるのだから、「違和感」とは反対の受け止め方をしている。

⑤はa・bの直接的な説明としてはほぼ正しいと言えるが、「淡い恋心」が不適切。「私も史郎さんが大好きになりそうだ（ℓ34）」という表現の「も」に着目すると、ここでの「大好き」とは、「祐也も俺もトキさんも……みんながチビちゃんを大好きじゃないか（ℓ31〜32）」という発言を受けてのものである。史郎に感じる愛情とは、周囲の大人が自らに注いでくれる愛情と同種のものだと理解できる。

↓正解［④］

**問３**　**【Ⅰ群】**について、史郎が頷いたのは、直前の飛鳥の「よかった」という言葉に対してである。飛鳥は、少女が無事にマツユキ草を摘むことができたという結論を知り、思わず「よかった」と安堵の声を漏らした。幼い少女が安心している様子を見た保護者としての立場として妥当なものは②。

①は、「それを忘れて……飛鳥の無邪気な様子を」が誤り。このような態度に対して史郎は「頷いた」のではない。

③も、史郎が「頷いた」対象は「鮮明に想像している飛鳥の様子」ではない。また、「感心している」という史郎の心情も「頷いた」の説明として不適切。

④は、「飛鳥を幸せにしてあげようと決意を固めている」が言いすぎの内容であるため、誤り。

次に、**【Ⅱ群】**について。「安心したか？（ℓ63）」という史郎の質問に対して飛鳥は頷いているので、話の結末を知った飛鳥の心情は〈安心〉である。よって、「安心している」「結末に満足する」とある②か④に絞れる。

②は、「彼らの助言に従えば幸せな人生を過ごせるだろう」が、「祐也さんやトキさん、それに史郎さんに諭されなくても、自分から素直で強い人間になれるような気がしてきた（ℓ77〜78）」という記述に矛盾する。

④の「優しさを失うことのなかった少女の強い生き様に感心し、刺激を受けている」は、「少女が四月の精に好かれたのは、動物や小鳥たちを愛していたから……親切心や

優しさを注いでいたのだ（ℓ64〜65）」や、「少女は強い、と思った。私とはちがった面での力強さが確かにある（ℓ69）」などから読み取れる。

なお、①は、「少女と同じように自然を愛する気持ちを持ち続けてきた自分」が本文と一致しない。③は、「自分は少女のような素直で強い人間になれるか不安を覚えている」が誤り。「自分から素直で強い人間になれるような気がしてきた（ℓ77〜78）」と一致しない。

→正解［②］［④］

**問4**　別々の場面で登場している、同じ趣旨の文章の相違とその表現効果を問うもの。「描写や構成の違い」と「そこから生じる効果」が問われているが、表現の効果は特定するのが困難な場合もある。「〜を強調している」「〜やすくなっている」「奥行き」といった言葉の正誤判定は、いずれも程度の問題に立ち入らざるを得ないため、客観的に判断することが難しいからである。したがって、表現の効果や特徴について問われた設問では、できる限りそうした程度を含む問題には踏み込まず、**「本当にそうした表現が本文中に存在したか」という、客観的な基準で判断できるものから考えていき、選択肢を絞っていくとよい**。

①は、四月の精の少女に対する心情について相違があると説明するが、Yでも四月の精だけが少女に指輪を与えているのだから、「少女に特別な心情を抱いているような描写は見られない」とはいえない。

②は、自然の描写についての相違を説明しているが、「Yで表現されている森やそこに住む精たちは、誰であれ構わず猛威を振るう自然の象徴としても描かれている」が誤り。森はともかく、精たちについては、最初から少女には優しく、王女や兵士たちには容赦がない。よって「誰であれ構わず」とは一致しない。Xにおいても、少女が寒さに凍える場面はあり、「自然の暴力性は排除されてい」るとも言い難い。

③は、伯母たちによる少女への意地悪に関する説明である。Xでは、「マツユキ草を摘んで帰らなくては家に入れてもらえない（ℓ21〜22）」「ほんの少しでいいから凍えた体を暖めさせて下さいって頼んだ（ℓ45）」と、摘めなかった時に少女が受ける仕打ちや、寒い思いをしていることが述べられている。史郎の話を聞いた飛鳥は、「雪だらけになって暗い森をさまよう少女が想像できた……うずく

まった自分と同じだから（ℓ55～56）」のように自分と少女とを重ね合わせている。また、「みなし児なんだ。年は……チビちゃんと同じだ（ℓ28）」と少女の境遇も述べられるため、「飛鳥の共感を生みやすくなっている」という効果があると考えられる。

④は視点の相違の説明。Xで「もっぱら少女の視点からのみ物語が語られている」のは間違いないが、Yにおいても、ほぼ少女の視点から語られているため、誤り。

⑤は、伯母たちの描写に関する説明。Xでは「最後まで意地悪なまま」なのは間違いなく、Yでは彼女らが「醜い姿に変わる」のも正しい。しかし、Xで「人生の不条理さばかりが印象に残ってしまう」とあるのが誤り。最終的に少女が四月の精と結ばれ幸せになることは史郎の語りによって示され、その結末に飛鳥も安心を覚えている（問3）。

↓正解［③］

**問５**　史郎の語りとして描かれている【文章Ⅰ】と異なり、【文章Ⅱ】では、本文の流れを中断する形で童話が挿入されている。この引用の趣旨を考える設問である。

【文章Ⅱ】は、飛鳥が奈津子と再会する場面だが、「新鮮な胸のふくらみが次の瞬間に打ち砕かれてしまった（ℓ90～91）」と飛鳥本人が感じるように、この再会は、飛鳥にとって不穏な高校生活の展開を予想させる。

この不穏さを匂わせた直後で、幼少期に飛鳥が史郎から聞かされた童話の内容が挿入される。この童話は、69～78行目の記述にあるように、飛鳥が自分も強い人間になれると思い、前向きに人生をとらえるきっかけとなったものだ。このような飛鳥にとっての童話の位置づけを考慮すれば、**この童話の引用の効果は、飛鳥にとって望ましい展開を示唆するものとして解釈すべき**である。飛鳥にとって望ましくない話の展開を予想させる、とする②と④は不適切。

さらに確認しておきたいのは、飛鳥と奈津子という二人の人物と、童話中の人物との対応関係である。飛鳥と奈津子の再会という場面において、この童話が挿入されているのだから、童話の登場人物と、飛鳥や奈津子が対応関係にあると見るのがよい。奈津子は飛鳥をいじめていた存在なので、童話における伯母とその娘が、奈津子に対応している。

①は、王女と奈津子とを対応させた点が誤り。

②は、全体の方向性がおかしい。これまで見たように童話は飛鳥にとって望ましいイメージをもつものであるし、四月の精は迎えに来ると約束をして指輪を渡したので、「結局四月の精とも別れることになってしまった」も誤り。

③は、「苦難に強く立ち向かう少女の姿」は**問3**で確認したことであり、雪景色を「出発の象徴」とする説明も、本文の記述と合う。全体の方向性として飛鳥にとって望ましい展開を示している点もよい。

④は、「悲しい記憶に依然として閉ざされたままである」が誤り。先に説明したように、雪は飛鳥にとって新しい物事の始まりを思わせるものであり、暗くて冷たい負の印象をもつものではない。

⑤は、意地悪な伯母とその娘を奈津子と対応させている点はよい。「奈津子の容姿や性格は以前と変わっていない」は、童話引用後の描写を読めば正しい内容だとわかる。

⑥は、「雪の森へ別れを告げた」が、奈津子と飛鳥が「二人が今後一切交わりをもたないことになるという運命を示唆している」とするのが誤り。奈津子と対応している童話の登場人物は、意地悪な伯母とその娘であり、彼女らは元来、雪の森と関係をもたない。

---

→正解［③・⑤（順不同）］

# 模擬試験 文学的文章 2

## 解　答

（45点満点）

| 設問 | 解答番号 | 正解 | 配点 | 備考 | 自己採点 |
|---|---|---|---|---|---|
| 1 | 1 | ① | 3 | | |
| | 2 | ③ | 3 | | |
| | 3 | ② | 3 | | |
| 2 | 4 | ⑤ | 7 | | |
| 3 | 5 | ④ | 7 | | |
| 4 | 6 | ② | 7 | | |
| 5 | 7 | ① | 7 | | |
| | 8 | ⑤ | 8 | | |

| 合計点 | |
|---|---|

# 模擬試験　文学的文章２

**【知識事項】**

**問1**　語句の問題に関しては基本的には辞書的な意味を知識として押さえた上での判断となる。語彙力は国語の基本であるから、普段から漢字と合わせて語彙の学習も積み重ねておきたい。

(ア)の「毛嫌いする」とは鳥獣が相手の毛並みによって嫌うことから転じた言葉で、「これといった理由もなく感情的に嫌う」こと。よって正解は①。④もニュアンスは近いものがあるが、そこまで積極的な心情ではない。

(イ)の「古参の」とは、もともと「古くから参上して仕えている」ことであり、最近では「古くから馴染みや経験のある」くらいの意味で使われている。これに最も近いのは③。②や④と迷うかもしれないが、性格や人柄を表す語ではないので注意しよう。

(ウ)の「うっかりしたこと」とは単純に「軽率」＝「軽はずみ」と考えればよい。正解は②。①は「うっかり」の意味とずれているし、そもそも文脈にもあてはまらない。前後関係に照らし合わせると③や④もあてはまらなくもないが、これらは元の意味からはそれている。⑤は紛らわしいが、「余計」とは「必要より多い」の意味で、「うっかり」「軽率」とは異なる意味である。

**【問題文】**

出典は、宮本輝の『優駿』(新潮文庫・一九八九年)。宮本輝は一九四七年生まれの作家で、一九七七年『泥の河』でデビュー、太宰治賞を受賞した。その後一九七八年『螢川』で第七八回芥川賞を受賞、この二作と『道頓堀川』を合わせた三部作が有名である。

**【出題の「仕掛け」】**

この問題文は上下巻にわたる長編小説のうちの一節である。したがって全体を貫くテーマに関する問いなどを設けるのは難しく、部分説明問題が中心となる。こうした作りの問題に対処するには**【戦略Ⅰ】**は不向きである。一方で、共通テストでは定番の形式である複数文章の比較検討に対応すべく、**問5**で**【ノート】**を用いた問題を出題した。この場合、まずは**【ノート】**内の記述や設問文から、何を読み取ることが求められているのか正しく把握することがポイントとなる。すなわち、**【戦略Ⅲ】**が有効だといえる。

**問２**　傍線部分の「高野」の発言によって、記者たちが一斉に「奈良」の方に向かっているということが後の記述から読みとれる。したがってここでの「高野」の態度は、「奈良」および「オラシオン」にかかわるものであることがわかる。ここではまだ「久美子」は登場していないので④は不適切。また、「早く奈良とともに自宅で昼食をとりにいきた」いのならば、記者たちを「奈良」からも遠ざける配慮をすべきである。したがって③も不適切。

あとは、ここで**「高野」が「奈良」と「オラシオン」をどのように見ているか**を読み取っていけばよい。

- **「こんな化け物」（ℓ３）**
- **「俺は、お前の馬のあとから行っても勝てねェ」（ℓ８）**

ここでの「高野」は、「オラシオン」と自分の乗る馬との力の差を痛感している。

この点に合っている選択肢は①・⑤の二つだが、①の「記者たち」に対する配慮はこの問題文からはうかがわれないので⑤をとる。また、②はやや的外れ。「高野」自身が記者たちに向かってコメントを述べても、「逃げ」の戦法をとる予定であることを隠すことはできる。

→正解［⑤］

**問３**　奈良の心情を答える問題であるが、傍線部周辺にはそれを読み取れる根拠はなく、やや解答の方針に迷う。こういう場合は選択肢の文構造に注目してみると解きやすい。①～④はすべて〈砂田から学ぶ〉〈砂田に共感する〉といった要素が入っている。ここから、記者への対応をめぐる砂田の言動がカギになると判断できる。本文ℓ76以降の砂田の発言に注目しよう。

この発言の趣旨をまとめると、

- 記者へのサーヴィスで見知らぬファンの馬券購入に影響を与えるわけにはいかない。（ℓ76）
- 予想に反した結果が生じるのが競馬である。（ℓ76～80）
- 競馬に直接関わる人間として軽率な発言はできない。（ℓ81～82）

となる。これらを踏まえれば、④が正答であると判断できよう。①は「競馬ファンは馬券選びの参考にはしない」が、

②は「勝利をほぼ確実なものと考えている」が、③は「記者や新聞会社が大きな損をすることがないように配慮する」が、それぞれ砂田の考えからずれている。

なお、あらかじめ問５の【野口さんのノート】に目を通しておき、奈良と砂田の関係を大まかに読み取っておくと、この問題はより解きやすくなるだろう。サブテキストは積極的に使う姿勢をもっておきたい。

↓正解［④］

**問４**　この「久美子」と「砂田」との関係について、問題文中の記述を見ていくと、「奈良は、久美子と砂田が、いつのまにこんなに仲が良くなったのか不思議でならなかった」（ℓ65～66）「砂田が……どこかはしゃいだように久美子と言い合っている」（ℓ84～86）などと、「奈良」の目を通して記されている。これらの記述から、基本的に「久美子」と「砂田」の関係は和やかなトーンであるとわかる。したがって①や③の「憤り」というのは不適切。ただし一方で、この傍線部分のせりふ自体は、「ほんまに、『はい』というひとことを言えん人やなァ」と、相手に対して少々文句を言うようなものになっている。これを素直に解釈すれば「皮肉」ということになろう。②が適切。④の「強い信頼」というのはこの部分の会話のトーンからは的外れ。⑤の「若い女性の香気」などに相当する記述も問題文中には求めにくい。近年の共通テストでも小説の問題では、「あまりにも的外れ」「全く本文中の記述からは読み取れない」という類の誤答選択肢が用意されている。明らかなハズレ選択肢をスピーディに見つけ出して消去する、という心構えも実践的には重要な態度である。

↓正解［②］

**問５**　（ⅰ）

**解法のコツ⑩**……ノート内の対比関係を見抜く！

まずはそれぞれの空欄について、何に対する根拠を答えるべきなのかを丁寧に押さえる。Ｘについては高野が「油断のならない」人物である根拠として読める記述を選ぶ。問２でも確認したように、③・④の「こんな化け物と一緒に走るのはいやだなァ」は弱気の表れであるから、まったくあたらない。Ｙの方は少し迷うかもしれない。どちらの選択肢もオラシオンの能力の高さを表しているものと読めるため、答えになりそうではある。しかし、**【ノート】**の記述をよく見ると、「競走馬としての素質が非常に高い」という性質と、「レース前の状態として理想的に仕上がっている」という性質を分けてまとめていることがわかる。この違いまで考えれば、②の「馬の調子は文句がありません」は「調子」すなわち「レース前の状態」を表すものであるから、Yに入れるのは不適当だと考えられるだろう。残る選択肢①が正解。

→正解　①

(ii)　**【ノート】**と**【文章】**全体を踏まえるという指示があるものの、結局は心情説明問題であるという問題の本質を見失ってはならない。

**解法のコツ②**……傍線部に示された「不安」と「孤独」という二種類の心情の有無を判断する！

最初に、傍線部**D**にはっきりと書いてある心情要素があるかないかを確認するという意識で選択肢を横並びに見比べる。そこで、すべて砂田と奈良を対比している構造になっていることに気づきたい。つまり、どの選択肢も「砂田と違って自分は……」という類の奈良の孤独な思いを説明しているのだ。したがって、「孤独」の有無では選択肢は絞れないことになる。一方の「不安」はどうかと考えてみると、「心配している」「自信を失いそう」「重圧を感じている」といった表現から、②・④・⑤については「不安」を読み取ることができるが、①と③はただ「覚悟を強めている」「気合を入れている」だけで、「不安」の心情は読み取れない。したがって正解は②・④・⑤のどれかである。

ここまで絞り込んでおいてから、設問指示にある通り、**【ノート】**と**【文章】**全体から読み取れる砂田と奈良の心情に照らし合わせて吟味しよう。②は砂田が「勝利を確信している」とあるが、**問3**でも確認したように、砂田はどんな条件でも負けるときは負けるのが競馬のレースだと理解しているので、これはあたらない。④は迷いやすいが、**【ノート】**でオラシオンの素質の高さを示す根拠として取り上げられている、「一生に一度出逢うかどうか判らぬ」について、**【文章】**には「砂田自身の調教師生活においても一生に一度出逢うかどうか判らぬ」とあり、「オラシオンほどの名馬……経験がある」はニュアンスが異なる。また、「仕上がりの良さに……自信を失いそうに」とあるが、奈良がオラシオンの仕上がりや馬場の好条件を後ろ向きに捉える心情は**【文章】**からは読み取れない。さらにいえば、どんな条件でも負けるときは負けるという砂田の考えに共感しているのであるから、レースの勝利にこだわっている②や④よりも、馬の能力を最大限に発揮できるかどうかにこだわっている⑤のほうが適切である。

→正解［⑤］

# 模擬試験 言語活動

## 解　答

（20点満点）

| 設問 | | 解答番号 | 正解 | 配点 | 備考 | 自己採点 |
|---|---|---|---|---|---|---|
| 1 | | 1 | ② | 3 | | |
| 2 | | 2 | ②-⑤ | 6 | ＊1 | |
| | | 3 | | | | |
| 3 | (i) | 4 | ② | 3 | | |
| | (ii) | 5 | ④ | 4 | | |
| | (iii) | 6 | ③ | 4 | | |

＊1　－（ハイフン）でつながれた正解は，順序を問わない。

| 合計点 | |
|---|---|

## 模擬試験　言語活動

**【資料Ⅰ】**
環境省「Virtual water　世界の水が私たちの生活を支えています」をもとに作成
(https://www.env.go.jp/water/virtual_water/)

**【資料Ⅱ】**
国土交通省「令和４年版　日本の水資源の現況について」による
(https://www.mlit.go.jp/mizukokudo/mizsei/mizukokudo_mizsei_tk2_000039.html)
農林水産省「世界の食料自給率」による
(https://www.maff.go.jp/j/zyukyu/zikyu_ritu/013.html)

**【資料Ⅲ】**
沖大幹《おきたいかん》『水の未来―グローバルリスクと日本』（岩波新書・二〇一六年）による。筆者は一九六四年生まれ。水文《すいもん》学《がく》者・気象予報士で、「地球水循環システム」を専門分野とする。著書に『いま「水」を考える』（全三巻）『水危機ほんとうの話』などがある。

**【出題の「仕掛け」】**
「バーチャルウォーター」というテーマでレポートを作成する言語活動を想定している。バーチャルウォーターの概念や、バーチャルウォーターをめぐる現状について示した【資料】（図・グラフ・文章）をもとに、情報を的確に読み取り、相互に関連づけて解釈しつつ、レポートの完成に向けて【目次】の内容を検討する。すみやかに選択肢を絞り込むための前提として、複数資料がどのような意図のもとに組み合わされているのかを見抜き、出題者の意図を把握することが肝要だ。

**着眼点：各資料の趣旨**
【目次】＝ナツキさんが取り組むレポートの内容と構成
【資料Ⅰ】＝文章「バーチャルウォーター」の概要説明
図 バーチャルウォーター計算メニュー表（牛丼のバーチャルウォーター量）
【資料Ⅱ】＝グラフ1 世界の年間降水量と国民一人当たりの水資源賦存量
グラフ2 日本と諸外国の食料自給率の比較
【資料Ⅲ】＝文章 日本におけるバーチャルウォーター

の現状
**図**日本のバーチャルウォーター総輸入量と輸入品目内訳、および輸出国

**問1**　資料の意図を読み取れたかどうかをみる設問。**【資料Ⅰ】**の**文章**では、バーチャルウォーターとは何かを説明した上で、「日本人は海外の水に依存して生きている」ことを指摘している。**図**は、身近な食品に含まれるバーチャルウォーター量を具体的にイメージするために示されたもので、牛丼一杯のバーチャルウォーター量が、合計で１８８９ℓ（＝５００mℓペットボトル３７７８本分）になることを紹介している。

内訳をみると、牛丼の中でも、特に牛肉のバーチャルウォーター量が、ペットボトル２８８４本と多いことがわかる。**文章**に「１kgのトウモロコシを生産するには、灌《かん》漑《がい》用水として１，８００リットルの水が必要」「牛はこうした穀物を大量に消費しながら育つ」とあるように、牛は、栽培のために多くの水を必要とする穀物を大量に消費しながら育つため、結果として多量のバーチャルウォーターが必要となることを押さえておきたい。以上を踏まえて、選択肢が**【資料Ⅰ】**から読み取れる内容であるかどうかを判断する。

**解法のコツ⑬**……グラフや図の読み取り
**文章**の内容に対して、**図**がどのような役割を果たしているのかを捉える。

**ア**　**図**は、牛肉のバーチャルウォーター量がどれほど多いかを示している。1kgは70gの約14倍なので、2884本×14で約4万本となる。1本は500mℓすなわち0.5ℓのペットボトルであるから、約2万ℓすなわち2万kgとなり、**文章**中の「牛肉1kgを生産するには、その約２０，０００倍もの水が必要」という記述を裏づける資料である。したがって、読み取れるといえる。

**イ**　**図**は牛丼一杯を作るためのバーチャルウォーター量を示したもので、ハンバーガーやマカロニグラタンについても同様の数値を出すことができる画面になっているが、この図からは直接に比較することができないため、「バーチャルウォーターの量が他の料理と比べて多い」ことは読み取れない。

ウ　図は、「牛肉やコムギなどの輸入食料品に潜在的に含まれる水の量」を具体的にイメージしてもらうことを目的として身近な料理に含まれるバーチャルウォーターを算出するものである。よってウは【資料Ⅰ】から読み取れる。

エ　文章と図から、牛肉が大量のバーチャルウォーターを必要とすることがわかる。それに対して、図によると、ごはんに必要なのは約888本分である。これは、畜産物が野菜・穀類よりも水を多く必要とすることを示している。ここから、図で牛丼を取り上げた意図として、「肉中心の食生活は水問題に深く関わっている」というメッセージを読み取ることは可能である。

オ　文章では「海外での水不足や水質汚濁等の水問題は、日本と無関係ではない」と述べられている。これは「海外から日本に輸入されたバーチャルウォーター量」が、「日本国内で使用される年間水使用量と同程度」という事実を受けたものであり、「地球温暖化によって水資源が枯渇する危険性について警鐘を鳴らしている」という論点は見当たらない。

以上から、【資料Ⅰ】から読み取れるのはア・ウ・エ。

問2　【資料Ⅱ】（グラフ1・グラフ2）、【資料Ⅲ】（文章・図）を踏まえた分析の妥当性を判断する設問である。

↓正解［②］

【資料Ⅱ】のグラフ1によると、日本の年降水量は年間2，000㎜弱と、インドネシア、フィリピンに次いで多いグループに属するが、一人当たり年降水総量・水資源賦存量はカナダ、ニュージーランド、オーストラリアなどの上位国に比べて極端に少ない。これは、国土面積に対して人口が多く、一人当たりが使える水の量が少ないためである。

また、グラフ2によると、食料自給率が高いのはカナダ・オーストラリア・アメリカ。日本の食料自給率は下位である。【資料Ⅲ】の文章では、「カロリーベースとは、国産の肉でも飼料が外国産の場合には自給に含めないという計算手法なので、仮想水輸入量はまさにカロリーベースの食料輸入量を水量に換算したようなもの」として、食料輸入量と、輸入するバーチャルウォーター量の相関を指摘している。すなわち、日本の食料自給率の低さは、日本がバーチャルウォーターの輸入量の多い国であることと表裏一体ということだ。日本へのバーチャルウォーターの輸出量が多い国は、アメリカ・オーストラリア・カナダ、品目別ではトウモロコシ、牛肉、ダイズ、コムギが大半を占めている。トウモロコシとダイズは飼料用であり、日本では農耕地や牧草地が不足していることが、バーチャルウォーターの輸入量の多さにつながっている。

以上を踏まえて各選択肢を検討しよう。ここで、選択肢は一文目で資料から読み取れる情報が述べられ、二文目でそこから導き出した内容が述べられる構造になっていることを押さえると、絞り込みはスムーズになる。〈それぞれどの資料を根拠とする情報であるか〉、〈導き出した内容との因果関係が成立するか〉の二つの観点で正誤を判断していけばよい。

**解法のコツ⑭**……グラフや図の分析結果と意見とのつながりを確認！

〈一文目がグラフや図から客観的に読み取れる事実であるか〉、〈一文目が二文目の意見・結論の根拠となっているか〉を確認する。

①は、「オーストラリアは一人当たりの年降水量が多い」ことは グラフ1 から、「日本へのバーチャルウォーターの輸出量が多い」ことは【資料Ⅲ】から読み取れる。しかし、図 は日本に対するバーチャルウォーターの輸出量にすぎず、他国への輸出量と比べられないため、「一人当たりの水資源量が減っている」原因が「日本へのバーチャルウォーターの輸出量が多いため」かどうかは判断できない。よって①は正しい分析とはいえない。

②は、グラフ2 によると、カナダ・オーストラリア・アメリカは食料自給率が高く、【資料Ⅲ】によると、日本へのバーチャルウォーターの輸出量が多い国は、アメリカ・オーストラリア・カナダなので、「ほぼ一致している」は正しい。また グラフ1 から、それらの国は一人当たりの水資源賦存量が豊富であること、【資料Ⅲ】から、それらの国からの輸入品目は飼料用作物が大半を占めることが読み取れる。カナダ・オーストラリア・アメリカは、日本と反対に飼料用作物の生産が盛んなので、国産の飼料でまかなえる上にバーチャルウォーターの輸出量も多いことがわかる。よって②は妥当性のある分析である。

③は、【資料Ⅱ】、【資料Ⅲ】から、「水資源が乏しいのに、日本へのバーチャルウォーターの輸出量が多い国」にあて

はまるのは中国だが、中国が「経済的に食料輸出に頼らざるを得ない国」であることを示す資料がない。また日本へのバーチャルウォーターの輸出量が多い国は、比較的水が潤沢に利用できている国が多く、「水資源が乏しい……国の貴重な水を奪っている」と断言できるデータもない。よって③は正しい分析ではない。

④は、「日本のカロリーベースの食料自給率が低い」要因としての「食生活の変化」については、いずれの資料からも読み取れないため、④は正しい分析ではない。

⑤は、グラフ1によると、日本の年平均降水量はインドネシア・フィリピンなどに続く上位にあるが、一人当たりの年降水総量と水資源賦存量は下位である。これは「一人当たりが使える水の量が少ない」ことを表している。さらに【資料Ⅲ】の文章には、「日本では……農地や牧草地が不足していて、それを補うかのように食料を輸入するのに伴って仮想水も輸入されている」「日本にとっての食料輸入は……主に農耕地や牧草地の仮想的な輸入」とあるので、「バーチャルウォーターの輸入量が多い」原因は、「農耕地や牧草地が不十分であること」にある。よって⑤は妥当性のある分析である。

以上より、レポートに記載すべき内容として適当なものは②・⑤である。

↓正解［②・⑤（順不同）］

**問3**　レポートの完成に向けて、**【目次】**に沿って内容を検討していく過程を想定した設問。

(i)　まず「バーチャルウォーター」とは、〈輸入食料を国内で生産するとしたらどの程度の水が必要か〉を推定したものであることを確認しておく。〈ある事柄の実現において、間接的に発生する状況も含めて全体を見通し、潜在的な問題点を把握する〉試みである。これと同じ構造の文であるかどうかで、選択肢を選り分けていけばよい。

> **解法のコツ⑦**……キーワード
> 「バーチャルウォーター」の概念を的確に把握し、構造が類似している事例を絞り込む。

①は、牛乳ができるまでの経済的コストを勘案したものであるが、飼料の生産・輸入や光熱費・人件費などは実際にかかる経費として算出されているものであるから、潜在的な水の使用量である「バーチャルウォーター」とは合致

しない。

②は、〈自動車からＣＯ２が排出されるのは走行時だけではない〉という観点から、走行時以外に生じているであろう、自動車の潜在的な環境負荷を把握しようとしており、「バーチャルウォーター」の問題意識に合致する。

③は、オゾン層破壊の要因となるフロンに対して、火力発電所でのＣＯ２の排出は別の文脈で生じることであり、潜在的な問題とはいえないので合致しない。

④は、途上国からの輸入価格と生産地の労働賃金の相関関係は明白であり、潜在的な問題とはいえないので、合致しない。

⑤は、「レジ袋もさまざまに再利用すること」ができるという指摘は、多角的な視点からのものであるが、エコバッグの推奨をめぐる潜在的な問題とはいえないので、合致しない。

→正解［②］

(ii)　レポートの**第４章「『バーチャルウォーター』の何が問題なのか」**に含むべき内容を、資料全体の趣旨と**【目次】**を手がかりに捉える。

**解法のコツ⑦**……キーワード

**【目次】に箇条書きされた「世界の水不足」「日本の食料自給率」がレポート第４章の議論の軸になることを押さえる。**

「世界の水不足」「日本の食料自給率」という内容は、各資料の内容から導き出されるものであり、この二点を踏まえた要旨になる。食料自給率の低さから、「輸出国の水資源を使用して大量のバーチャルウォーターを輸入し続けている」という日本の現状と、そのことが「無自覚のうちに有限である水資源の枯渇を早め、世界の水問題を悪化させる可能性」につながることを指摘している④が最適である。

①は、「世界の水不足」との関係がない。また「食料を海外からの輸入に頼っている」から、「国内の食料生産体制の維持につながら」ないという因果関係の指摘は、いずれの資料にもない。逆に、農耕地や牧草地が不十分という国内事情が、バーチャルウォーターの輸入量につながっているのである。

②は、「日本の食料自給率」との関係がない。また「水が日常的に不足しているのに農産物を主な輸出品としてい

る国」については、いずれの資料にも記載されていない。

③は、「(輸入先である)相手国が深刻な水不足に見舞われると、日本も危機的状況に陥る」とあるが、日本の食料輸入が困難になる原因は水不足だけとは限らない。また、議論の軸となるべき「世界の水不足」とは、日本にとっての不利益という矮小《わいしょう》化された問題ではない。

⑤は、「世界の水不足」という問題意識が含まれておらず、国際社会における日本の立場も論点にはなっていない。

↓正解［④］

(iii) 空欄 X は「『バーチャルウォーター』を減らすためにわたしたちにできること」について述べる第5章にある。「バーチャルウォーターを減らす」ための提言であるが、あくまでも提示された資料をもとに導き出せる内容でなければならない。

**解法のコツ⑯**……空欄が置かれた文脈を捉える

**「バーチャルウォーター」という概念の趣旨に合致しているか、「バーチャルウォーターを減らす」という目的に即した内容であるかに注意して選択肢を吟味する。**

①は、「日本は……水資源を生活に利用する仕組みが整っていない」が、一連の資料で言及されていない内容なので不適切。

②は、「バーチャルウォーターに依存している日本は潜在的な水不足だといえる」という捉え方は正しい。しかし輸入相手国に、慢性的な水不足に悩む乾燥地帯や発展途上国があるという内容は、いずれの資料からも読み取れないため、不適切。

③は、「バーチャルウォーター」は、輸入食料が国内で生産された場合に使われるであろう水の量であるから、「なるべく地元や国内で生産された食材を選ぶ」ことは、輸入食品に含まれるバーチャルウォーターの総量を減らすことにつながるという指摘は適当である。

④は、フードロスの削減は、すでにかかったバーチャルウォーターを無駄にしないということにはなるが、フードロスを減らせばバーチャルウォーターの輸入そのものを食い止めることになるという明確な因果関係は示されていないため、不適切。

⑤は、「異常気象の発生を抑えるための地球温暖化対策」は、地球全体の問題ではあるが、「『バーチャルウォー

ター』を減らすためにわたしたちにできること」というレポートの観点には合わない。

→正解［③］